EL EVANGELIO DE

SAN MATEO

Daniel J. Harrington, S.J.

Traducido por:
P. Juan Alfaro

Mexican American Cultural Center
San Antonio, Texas

A Liturgical Press Book

 THE LITURGICAL PRESS
Collegeville, Minnesota

ABREVIATURAS

Gen—Génesis	Cant—Cantar de los Cantares	Hch—Hechos
Ex—Exodo	Sab—Sabiduría	Rom—Romanos
Lev—Levítico	Eclo—Eclesiástico	1 Cor—1 Corintios
Nm—Números	Is—Isaías	2 Cor—2 Corintios
Dt—Deuteronomio	Jer—Jeremías	Gal—Gálatas
Jos—Josué	Lam—Lamentaciones	Ef—Efesios
Jue—Jueces	Bar—Baruc	Flp—Filipenses
Rut—Rut	Ez—Ezequiel	Col—Colosenses
1 Sam—1 Samuel	Dan—Daniel	Filem—Filemón
2 Sam—2 Samuel	Os—Oseas	1 Tes—1 Tesalonicenses
1 Re—1 Reyes	Jl—Joel	2 Tes—2 Tesalonicenses
2 Re—2 Reyes	Am—Amós	1 Tim—1 Timoteo
1 Cro—1 Crónicas	Abd—Abdías	2 Tim—2 Timoteo
2 Cro—2 Crónicas	Jon—Jonás	Tit—Tito
Esd—Esdras	Mi—Miqueas	Heb—Hebreos
Neh—Nehemías	Nah—Nahum	Sant—Santiago
Tob—Tobías	Hab—Habacuc	1 Pe—1 Pedro
Jdt—Judit	Sof—Sofonías	2 Pe—2 Pedro
Est—Ester	Ag—Ageo	Jds—Judas
1 Mac—1 Macabeos	Zac—Zacarías	1 Jn—1 de Juan
2 Mac—2 Macabeos	Mal—Malaquías	2 Jn—2 de Juan
Job—Job	Mt—Mateo	3 Jn—3 de Juan
Sal—Salmos	Mc—Marcos	Ap—Apocalipsis
Prov—Proverbios	Lc—Lucas	N.E.—Nota Editorial
Ecl—Eclesiastés	Jn—Juan	

El diseño de la cubierta por Ann Blattner. La Capilla de las Bienaventuranzas sobre la tierra occidental del Mar de Galilea. Todas de las fotos por Hugh Witzmann, O.S.B.

Nihil obstat: Juan I. Alfaro, *Censor deputatus.*

Imprimatur: ✚ Patricio F. Flores, Arzobispo de San Antonio, Texas, el 22 de septiembre de 1987.

Library of Congress Cataloging-in-Publication Data

Harrington, Daniel J.

    [Gospel according to Matthew.   Spanish]

    El Evangelio de San Mateo / Daniel J. Harrington ; traducido por P. Juan Alfaro.

    p.   cm. — (Comentario biblico de Collegeville. Nuevo Testamento ; 1)

    Includes text of the Gospel of Matthew from the Biblia Latinoamericana.

    ISBN 0-8146-1852-9

    1. Bible. N.T. Matthew—Commentaries. I. Bible. N.T. Matthew. Spanish. 1994. II. Title. III. Series: Collegeville Bible commentary. Spanish ; 1.

BS2575.3.H3718   1994   94-23530

226′.2077—dc20   CIP

CONTENIDO

El Evangelio de San Mateo

Introducción

Tensión entre la tradición y la novedad

El evangelio de San Mateo tiene un fuerte sabor judío. Su preocupación especial es colocar a Jesús de Nazaret en el seno de la tradición del pueblo escogido de Dios y mostrar cómo este mismo Jesús rompe las murallas de esa tradición y la lleva a su plenitud. De principio a fin existe una tensión entre tradición y novedad. Ninguno de estos dos polos de tensión es rechazado. Entre los dos dan origen a nueva vida y nuevas vistas.

Mateo se esfuerza para probar que los sucesos de la vida de Jesús cumplen las profecías del antiguo testamento. A lo largo del relato de la pasión y muerte de Jesús nos asegura que aquellos acontecimientos terribles correspondían a la voluntad de Dios manifestada en el antiguo testamento. Sin embargo, en ciertos momentos (5:21-48), Jesús parece contradecir y abolir algunos preceptos de la Ley. Puede hacer esto porque, como Hijo de Dios, él es el intérprete autorizado de la tradición judía.

La identidad de Jesús se expresa en términos de rico contenido veterotestamentario. Jesús es el Hijo de David, el Mesías o Cristo, la Sabiduría, etc. Todos estos títulos revelan aspectos de la identidad de Jesús pero ninguno de ellos la describe adecuadamente. Los dos títulos más importantes son Hijo del Hombre e Hijo de Dios. El primer título refleja la auto definición de Jesús, y probablemente tiene relación con la figura celestial del capítulo 7 de Daniel. El segundo título, en el antiguo testamento, se refería al rey (salmos 2 y 110). Al ser aplicados a Jesús, estos títulos toman un nuevo significado que va más allá del que pudieran tener en el antiguo testamento.

La identidad del pueblo de Dios se describe en términos de la tensión entre tradición y novedad. Mateo no duda que Israel sea el pueblo de Dios, pero se esfuerza por demostrar la continuidad entre el Israel antiguo y la novedad que Dios ha traído en Cristo. Después de la venida de Jesús, ¿cuál es el pueblo de Dios y quién hereda el Reino de Dios? La respuesta de Mateo es simple y directa: los discípulos de Jesús son el pueblo de Dios. La adhesión al Jesús judío hace posible el ser pueblo de

Dios a los que no son judíos de nacimiento (cf. 21:41, 43). Los judíos que no aceptan esta nueva definición de pueblo de Dios siguen perteneciendo a "sus sinagogas" (cf. 4:23; 9:35; 10:17; 12:9; 13:54) que también son llamadas sinagogas de los hipócritas (6:2, 23:6, 34).

Fuentes y estructura

Cuando el personaje que llamamos Mateo se dispuso a escribir sobre Jesús, quiso escribir un Evangelio—una obra literaria parecida a una biografía. Aunque no era una biografía como la de los siglos diecinueve y veinte, el Evangelio de Mateo sigue la historia de Jesús de Nazaret desde el nacimiento hasta la muerte y resurrección, pasando por la vida pública y su labor de predicador y sanador. Mateo podía haber escrito una carta o una poesía o también un reportaje cronológico de los sucesos de la vida de Jesús, pero escogió escribir una narración sobre Jesús. Su Evangelio se compone de una serie de historias que retratan a Jesús lleno de vida y de poder. Estas historias nos invitan a hacernos parte de la historia de Jesús, el Hijo del Hombre y el Hijo de Dios.

Mateo no sacó su Evangelio de su imaginación y experiencia; parece que tuvo a mano varias fuentes escritas. En los capítulos 3–4 y 12–28 sigue de cerca al Evangelio de Marcos. Marcos escribió antes que Mateo, por lo que se puede decir que el Evangelio de Mateo es una versión revisada y ampliada del Evangelio de Marcos. Además, en unos doscientos versículos Mateo y Lucas son tan parecidos que es lógico pensar que los dos evangelistas usaron independientemente una misma fuente. Esta fuente era una colección de dichos y sermones de Jesús que debió circular por los años cincuenta del siglo primero, en lengua griega. Esta fuente que Mateo y Lucas usaron es llamada "Q"—de la palabra alemana *Quelle* que significa "fuente". Finalmente, Mateo tuvo acceso a historias y dichos de Jesús que no conocieron los otros evangelistas. Este material característico de Mateo es designado con la letra "M".

El hecho de que Mateo dependa tanto de material preexistente indica que su historia de Jesús es deliberadamente tradicional. Además de transmitir la tradición sobre Jesús, Mateo interpretó esa tradición para hacer resaltar ciertos aspectos y para dirigirse a ciertos problemas de la comunidad cristiana de su tiempo. Lo más original que tiene es, posiblemente, la estructura general que dio a la narración. Al narrar la historia de Jesús, Mateo tenía que seguir el curso marcado por la vida de Jesús. Conociendo el Evangelio de Marcos, Mateo no podía ignorar el esquema de la vida de Jesús que allí se presentaba. "Q" era una simple colección de enseñanzas de Jesús por lo que el evangelista tuvo más libertad al usarla.

¿Qué estructura tiene la historia de Jesús en Mateo? El comienzo y el final del Evangelio son especiales. Marcos comenzó la historia de Jesús con su vida adulta; Mateo comienza narrando el nacimiento y la infancia en los dos primeros capítulos. La narración de Marcos se cierra con la muerte de Jesús y el hallazgo del sepulcro vacío en Jerusalén; Mateo sigue a Marcos de cerca en los capítulos 26-28, pero añade la historia de la aparición de Jesús a los once discípulos en Galilea (28:16-20). Entre los capítulos 1-2 y 26-28, Mateo presenta cinco grandes sermones de Jesús: el sermón de la montaña (cc. 5-7), el sermón misionero (c. 10), el sermón de las parábolas (c. 13), los consejos para la comunidad dividida (c. 18), y el sermón escatológico (cc. 24-25). No debemos imaginarnos que estos discursos son transcripciones exactas de cinco sermones pronunciados por Jesús; todo parece indicar que Mateo compuso los sermones con material tradicional y les dio su forma literaria actual. Mateo estaba claramente interesado en la enseñanza de Jesús e hizo todo lo posible para realzarla.

Los cinco sermones de Jesús son parte fundamental de la estructura del Evangelio y están separados por grandes secciones de material narrativo. Cuando examinamos el Evangelio en su totalidad, podemos ver el siguiente esquema general:

1:1-2:23 La genealogía y el itinerario de Jesús
3:1-4:25 El comienzo del ministerio de Jesús
5:1-7:29 El sermón de la montaña
8:1-9:38 Las acciones poderosas de Jesús
10:1-42 El sermón misionero
11:1-12:50 La importancia de Jesús y su rechazo
13:1-53 Las parábolas del Reino de Dios
13:54-16:4 Milagros y controversias
16:5-17:27 El camino de la cruz
18:1-35 Consejos para la comunidad dividida
19:1-23:39 Oposición creciente a Jesús
24:1-25:46 La venida del Reino
26:1-28:20 La muerte y resurrección de Jesús

Autor y situación histórica

La originalidad de un autor no era de gran valor en la cultura en que se escribió el Evangelio de Mateo. El título "según Mateo" no formaba parte de la primera edición del libro. El texto no pretende que el Evangelio fue escrito por un testigo ocular de los sucesos narrados. El Evangelio es básicamente una obra anónima. Al decir que el Evangelio es "anóni-

mo'' no queremos decir que no sepamos nada sobre el autor. El evangelista fue un cristiano bien versado en los métodos de enseñanza judíos,
vivía en Siria o en una área donde la influencia judía era fuerte, hacia
el año 85 A.D. Quiso demostrar que los que confiesan a Jesús como Mesías heredarán el Reino de Dios.

La atribución tradicional del Evangelio a Mateo, el recaudador de impuestos (cf. 9:9) que se convirtió en apóstol (cf. 10:3), crea más problemas que los que resuelve. ¿Por qué a este mismo recaudador se le llama
Leví, hijo de Alfeo, en Marcos 2:14? ¿Cómo pudo un recaudador de impuestos que había vivido al margen de la vida religiosa judía, escribir un
Evangelio tan elaborado? ¿Por qué un testigo ocular usó fuentes escritas
como Marcos y ''Q'', sin decir nunca que él mismo vio algún suceso con
sus propios ojos? Quizás la iglesia para la que se escribió el Evangelio
había tomado al apóstol Mateo como su ''santo patrón''. Quizás el apóstol Mateo fue responsable de una parte del material especial (''M'') de
este Evangelio.

La tradición sobre la existencia de una versión de Mateo en lengua
hebrea o aramea también crea más problemas que los que resuelve. El
historiador eclesiástico Eusebio cita al escritor cristiano Papías que habla
de Mateo diciendo que recogió los ''oráculos'' en lengua hebrea y que
otros los tradujeron o interpretaron. ¿A qué se refiere éste? ¿Al Evangelio completo, a las citas del antiguo testamento del Evangelio, o a las palabras de Jesús? ¿Por qué dice Papías que Mateo escribió en hebreo si Jesús
habló en arameo? ¿Tenía Papías una razón especial para poner el Evangelio de Mateo antes que el de Marcos? Todo esto indica que la atribución del Evangelio a Mateo y la tradición del escrito en hebreo o arameo
son tan problemáticas que no podamos apoyarnos demasiado en ellas
al interpretar el Evangelio.

El Evangelio de Mateo recibió su forma final hacia el año 85 A.D., quizás
en Antioquía de Siria. La comunidad cristiana había existido por unos
50 años después de la muerte de Jesús y ya habían pasado 15 años desde
la destrucción del Templo de Jerusalén el año 70 A.D. Esta datación se
funda en la aparente descripción de los sucesos del año 70 A.D. en Mateo
22:7: ''El rey se puso furioso y envió sus ejércitos para acabar con aquellos
asesinos y quemar su ciudad''. Es posible que también se haga alusión
a la destrucción de Jerusalén en 21:41 y 27:25.

La comunidad de Mateo era mixta, aunque la mayoría de sus miembros
debían ser cristianos de origen judío. Para el año 85 A.D., había quedado
claro que no todos los judíos iban a aceptar a Jesús como el Mesías de
las esperanzas judías y que los gentiles eran un campo de misión muy
prometedor (cf. 28:19). Mateo animaba a una comunidad en su mayoría

judeocristiana a verse como heredera legítima de las promesas de Dios a Israel. También quería ampliar el horizonte misionero para abarcar a los gentiles. Antioquía de Siria parece el lugar más propio aunque no tengamos certeza absoluta de ello.

El comentario

Este comentario del Evangelio de Mateo quiere explicar con claridad y simplicidad lo que el evangelista a quien llamamos Mateo quería decir a sus primeros lectores. Se fija en las estructuras literarias y los intereses teológicos del texto. Como los lectores de este comentario viven en un mundo muy diferente del de los lectores originales del Evangelio, se da información histórica y se explican los presupuestos de aquel tiempo. La meta de la exposición es permitir a los lectores del siglo veinte compartir el entusiasmo que debió despertar el Evangelio de Mateo en sus primeros lectores. Las preguntas de estudio y ayudas para dialogar del final del libro servirán para ayudar a los lectores de este comentario a repensar los puntos más importantes. Estas preguntas de estudio también tocan temas importantes para la iglesia de hoy y pueden llevar a un diálogo fructífero a nivel local.

El Evangelio de San Mateo

Texto y Comentario

Los antepasados de Jesús

1 ¹Estos fueron los antepasados de Jesús, hijo de David e hijo de Abraham. ²Abraham fue padre de Isaac, y éste de Jacob. Jacob fue padre de Judá y de sus hermanos. ³De la unión de Judá y de Tamar nacieron Farés y Zerá. Farés fue padre de Esrón.

⁴Luego encontramos a Aram, Aminadab, Naasón y Salmón. ⁵Salmón fue padre de Booz y Rahab fue la madre. Booz y Rut fueron padres de Obed. ⁶Obed fue padre de Jesé y éste del rey David. David y la que había sido esposa de Urías fueron los padres de Salomón. ⁷Salomón fue padre de Roboam, que fue padre de Abías, y luego vienen los reyes Asá, ⁸Josafat, Joram, Ocías,

I. LA GENEALOGIA Y EL ITINERARIO DE JESUS

Mt 1:1–2:23

1:1-17 La genealogía de Jesús el Mesías (cf. Lc 3:23-38). La genealogía, puesta al comienzo del Evangelio, coloca a Jesús dentro de la tradición judía. Jesús es hijo de Abrahán y de David; él continúa la línea de David después de la cautividad de 587 a.C. Los nombres de la genealogía, hasta Abiud (v. 13), se encuentran en el antiguo testamento; están arreglados en tres series de catorce nombres cada una (v. 17). La historia de Israel va desde su comienzo con Abrahán (v. 2), su apogeo con el rey David (v. 6), su ocaso en la cautividad de Babilonia (v. 11), y su plenitud con Jesús, el Mesías (v. 17). Lucas subraya la misión universal de Jesús trazando su línea desde José hasta Adán (cf. Lc 3:23-38); a Mateo sólo le interesa el presentar a Jesús de Nazaret enraizado en el pueblo escogido de Dios, Israel.

El curso literario de la genealogía está interrumpido por la inclusión de cuatro nombres de mujeres. No sólo no se acostumbraba a poner nombres de mujeres en las genealogías judías, sino que, además lo que sabemos sobre estas mujeres por el antiguo testamento hace que su mención nos sorprenda. Tamar (v. 3) se disfrazó de prostituta y concibió a

⁹Joatán, Ajaz, Ezequías, ¹⁰Manasés, Amón y Josías.

¹¹Josías fue padre de Jeconías y de sus hermanos, en tiempo del destierro a Babilonia.

¹²Y, después del destierro a Babilonia, Jeconías fue padre de Salatiel y éste de Zorobabel.

¹³A continuación vienen Abiud, Eliacim, Azor, ¹⁴Sadoc, Aquim, Eliud, ¹⁵Eleazar, Matán y Jacob.

¹⁶Jacob fue padre de José, esposo de María, y de María nació Jesús, llamado también Cristo.

¹⁷De modo que las generaciones desde Abraham a David son catorce, catorce las de David hasta el destierro de Babilonia y catorce desde este destierro hasta Cristo.

Jesús nace de una madre virgin

¹⁸El nacimiento de Jesucristo fue así. Su madre María estaba comprometida con José. Pero, antes de que vivieran juntos, quedó esperando por obra del Espíritu Santo.

¹⁹José, su esposo, era un hombre excelente, y no queriendo desacreditarla,

su hijo por Judá su suegro (cf. Gen 38). Rahab (v. 5) fue la prostituta de Jericó cuya vida se salvó por haber ayudado a los espías de Josué (cf. Jos 2; 6); la tradición que la convierte en madre de Booz se encuentra solamente en el Evangelio de Mateo. Rut (v. 5) era una moabita que se incorporó al pueblo de Israel por la familia de su esposo (cf. Rut). La "esposa de Urías" (v. 6) fue Betsabé; el rey David arregló vergonzosamente el asesinato de su marido en una batalla y la tomó por esposa (2 Sam 11).

La mención de estas cuatro mujeres especiales en la genealogía del Mesías nos preparan para el sorprendente nacimiento de Jesús en los versículos 18-25. Así como su inclusión rompe el ritmo de "A fue padre de B" y lo que sabemos de ellas es algo fuera de regla, el nacimiento de Jesús rompe todo ritmo y es algo fuera de toda regla. La genealogía de Jesús en Mateo 1:1-17 va en dos direcciones: afirma la continuidad de Jesús con las grandes figuras del pueblo de Dios ("hijo de Abrahán . . . hijo de David") y prepara el nacimiento irregular y único narrado en la sección siguiente.

1:18-25 El nacimiento de Jesús (cf. Lc 2:1-7). La narración del nacimiento de Jesús es una extensión de su genealogía; su finalidad es probar el derecho de Jesús a un lugar en la línea mesiánica a través de José; culmina cuando José, al tomar la obligación legal de paternidad, decide hacer a Jesús hijo de David. Esta tensión entre la continuidad con la tradición judía (paternidad legal por José) y la ruptura con esa tradición (la concepción milagrosa de Jesús) desarrolla el tema básico y tratado en la genealogía.

El compromiso matrimonial judío en tiempos de Jesús era un lazo mucho más fuerte que el que tiene hoy en la sociedad moderna occidental. La descripción del apuro de José y de sus planes (vv. 18-19) parecen indicar que sospechaba que María había sido o violada o seducida. Como

pensó firmarle en secreto un acta de divorcio.

²⁰Estaba pensando en esto, cuando el Angel del Señor se le apareció en sueños y le dijo: "José, descendiente de David, no temas llevar a tu casa a María, tu esposa, porque la criatura que espera es obra del Espíritu Santo. ²¹Y dará a luz un hijo, al que pondrás el nombre de Jesús, porque él salvará a su pueblo de sus pecados. ²²Todo esto ha pasado para que se cumpliera lo que había dicho el Señor por boca del profeta Isaías:

²³*Sepan que una virgen concebirá y dará a luz un hijo y los hombres lo llamarán Emmanuel, que significa: Dios-con-nosotros"*.

²⁴Con esto, al despertarse José, hizo lo que el Angel del Señor le había ordenado y recibió en su casa a su esposa.

fiel cumplidor de la ley del antiguo testamento, José no podía tomar a María por esposa (cf. Dt 22:23-27). No queriendo someter a María a la vergonzosa prueba de la mujer sospechada de adulterio (cf. Num 5:11-31), José decidió tomar sobre sí la responsabilidad del divorcio. El proceso de divorcio no tenía lugar ante un tribunal sino que estaba en manos del esposo (cf. Dt 24:1). Quizás también José pudo creer que María realmente había concebido a su hijo por el poder divino por lo que quiso apartarse de ella, dejándola en manos de Dios. Un ángel le dice a José que "no tema" (temor ante lo divino) tomar a María porque él es también parte del plan divino como padre legal de Jesús.

Los planes de José son interrumpidos en los versículos 20-23 por la aparición de un mensajero de Dios en un sueño, modo bien conocido por la narración del nacimiento de Sansón en el antiguo testamento (Jue 13). El mensaje del ángel da por supuesta la concepción virginal de Jesús por el Espíritu Santo y se centra en los nombres del Mesías. Como hijo legal de José, Jesús será llamado "descendiente de David" (v. 20). Se le llama "Jesús", palabra relacionada con el verbo hebreo "salvar". Este nombre es muy apropiado porque en la perspectiva de Mateo, y en la fe de los primeros cristianos, Jesús salva al pueblo de Dios de sus pecados. El tercer nombre dado a Jesús aparece en la cita de Isaías 7:14: "y le llamarán Emmanuel". Como señala para el rey Acaz y su corte, el profeta Isaías había anunciado que una mujer tendría un hijo. Los primeros cristianos tomaron la traducción griega que llamaba "virgen" a aquella joven mujer para afirmar su creencia en la concepción virginal de Jesús. Quizás Mateo estaba más interesado en el nombre "Emmanuel". En hebreo, la palabra Emmanuel significa "Dios con nosotros", y ésto era primario para Mateo y la iglesia primitiva. Algo semejante se afirma en la frase final del evangelio: "Yo estoy con ustedes todos los días hasta que se termine este mundo" (28:20).

El sueño calmó los temores de José. María no había sido violada ni seducida; el niño había sido concebido por el Espíritu Santo y merecía

²⁵Y sin que tuvieran relaciones dio a luz un hijo al que José puso el nombre de Jesús.

Del Oriente vienen unos Magos

2 ¹Habiendo nacido Jesús en Belén de Judá, durante el reinado de Herodes, vinieron unos Magos de Oriente a Jerusalén, ²y preguntaron: "¿Dónde está el rey de los judíos que ha nacido? Porque hemos visto su estrella en Oriente y venimos a adorarlo".

³Herodes y todo Jerusalén quedaron muy intranquilos por la noticia. ⁴Reunió a todos los sacerdotes principales y a los maestros de la Ley para preguntarles dónde debía nacer el Cristo. ⁵Ellos le contestaron que en Belén de Judá, ya que así lo anunció el profeta:

⁶*Belén, en la tierra de Judá, tú no eres el más pequeño entre los principales pueblos de Judá, porque de ti saldrá un jefe, el pastor de mi pueblo, Israel.*

⁷Herodes, entonces, llamó privadamente a los Magos para saber la fecha

los nombres de David, Jesús, y Emmanuel. José obra de acuerdo al mandato divino y toma a María por esposa (v. 24). La nota del versículo 25 de que no tuvo relaciones sexuales con ella hasta el nacimiento de Jesús, ni afirma ni niega la virginidad perpetua de María.

La sección de Mateo 1:1-25 sirve para colocar a Jesús en el seno del pueblo de Dios y para llamar la atención sobre su condición extraordinaria. Por una parte, Jesús es descendiente de Abrahán y de David, cumpliendo las promesas y esperanzas ligadas a estas dos grandes figuras del antiguo testamento; por otra, el nacimiento es extraordinario, y los nombres que se le dan Jesús y Emmanuel sugieren que es muy superior a sus antepasados.

2:1-12 Los magos adoran a Jesús en Belén. Cada uno de los cuatro episodios del capítulo 2 está ligado al nombre de un lugar: Belén, Egipto, Ramá, y Nazaret. Jesús era considerado galileo (cf. Jn 7:41-42) del pueblo de Nazaret. Las cuatro escenas de este capítulo explican cómo Jesús, el Hijo de David, nació en Belén, fue llevado a Egipto para evitar un peligro mortal, y porqué no volvió a Belén, sino que vivió en Nazaret. Cada episodio incluye una cita del antiguo testamento que contiene el nombre de un lugar. Esta conexión con el antiguo testamento indica que el itinerario del Mesías era guiado por la voluntad de Dios.

Después de poner en Belén el nacimiento de Jesús y de datarlo al final del reinado de Herodes el Grande (37-4 a.C.), el primer episodio introduce a los magos orientales, conocedores de la astonomía y astrología. La "estrella" que habían visto pudo ser una conjunción de los planetas Júpiter y Saturno. Puede también haber una referencia a Números 24:17 ("Una estrella sale de Jacob") que ligaba el nacimiento del Mesías a la aparición de una estrella.

Los esfuerzos por identificar la estrella no deben distraernos del tema central del pasaje. La triple repetición de "adorarlo" en los versículos

exacta en que se les había aparecido la estrella. [8]Encaminándolos a Belén les dijo: Vayan y averigüen bien lo que se refiere a este niño. Cuando lo hayan encontrado avísenme para ir yo también a adorarlo. [9]Después de esta entrevista, los Magos prosiguieron su camino. La estrella que habían visto en Oriente iba delante de ellos, hasta que se paró sobre el lugar en que estaba el niño. [10]Al ver la estrella se alegraron mucho, y, habiendo entrado en la casa, [11]hallaron al niño que estaba con María, su madre. Se postraron para adorarlo y, abriendo sus cofres, le ofrecieron regalos: oro, incienso y mirra.

[12]Luego regresaron a su país por otro camino, porque se les avisó en sueños que no volvieran donde Herodes.

La huida a Egipto

[13]Después que partieron los Magos, el Angel del Señor se le apareció en sueños a José y le dijo: "Levántate, toma el niño y a su madre, y huye a Egipto. Quédate allí hasta que yo te avise, porque Herodes buscará al niño para matarlo".

2, 8, 11, expresa el tema básico; el resto de la narración recela el contraste entre los magos y Herodes. Respondiendo a la invitación velada de la estrella, los sabios gentiles vienen adorar a Jesús. Pero necesitan aprender por las Escrituras judías que el Mesías nace en Belén (vv. 5-6). Marchan a Belén y adoran al Mesías niño. Los tres dones mencionados en el versículo 11 dieron origen en el siglo quinto a la tradición de los tres magos; la leyenda cristiana los hizo "reyes" en cumplimiento del salmo 72; en el siglo octavo se les dieron nombres (Melchor, Gaspar, y Baltazar) y colores como representantes de las tres razas de la tierra.

La fe de los sabios gentiles contrasta con la astucia cínica de Herodes. Como extranjero de Edom cuyo judaísmo estaba en duda, Herodes temería todos los movimientos mesiánicos como amenazas a su poder político. Aunque tenía acceso a las Escrituras y podía ver claramente lo que el profeta Miqueas (cf. Mt 5:1; 2 Sam 5:2) había anunciado sobre el nacimiento del Mesías, Herodes no deseaba adorar al recién nacido rey. El episodio de los magos refleja la experiencia de la iglesia primitiva al ver los gentiles estaban dispuestos a recibir el Evangelio mientras que los judíos se iban quedando fuera. También nos dispone para reconocer a Jesús como Rey de los Judíos (Mt 27:11, 29, 37) y para la misión universal de los discípulos (Mt 8:11-12; 28:18-20).

2:13-15 La huída a Egipto. La estructura de la narración de la huída a Egipto se parece a la del nacimiento en 1:18-25: aparición de un ángel de José en un sueño, orden y razón de ella, la determinación de José a obedecer, y una cita del antiguo testamento.

Egipto era lugar común de refugio para los judíos de ese tiempo; solamente después de la muerte de Herodes, el año 4 a.C., pudo Jesús volver a Palestina sin peligro. La cita Oseas 11:1 ("De Egipto llamé a mi hijo")

Una vista interior de la
Basílica de la Natividad en
Belén

Las colinas terraplenadas de
Belén, el lugar de nacimiento
de Jesús

Gruta de la Natividad en Belén. La estrella de plata lleva una inscripción latina que dice ''Aquí nació Jesucristo de la Virgen María.''

¹⁴José se levantó, tomó de noche al niño y a su madre y se retiró a Egipto. ¹⁵Permaneció allí hasta la muerte de Herodes. De este modo se cumplió lo que había dicho el Señor por boca del profeta: *Yo llamé de Egipto a mi hijo.*

¹⁶Entre tanto Herodes, al ver que los Magos lo habían engañado, se enojó muchísimo y mandó matar a todos los niños menores de dos años que había en Belén y sus alrededores, de acuerdo con los datos que le habían proporcionado los Magos.

¹⁷Entonces se vio realizado lo que anunció el profeta Jeremías: ¹⁸*En Ramá se oyeron gritos, grandes sollozos y lamentos. Es Raquel que no quiere consolarse porque llora a sus hijos muertos.*

José y María vuelven a Nazaret

¹⁹Después de la muerte de Herodes, el Angel del Señor se apareció en sueños a José, en Egipto. Le dijo: ²⁰''Levántate y regresa con el niño y su madre a la tierra de Israel, porque ya han muerto los que querían matar al niño''.

pone esta sección del itinerario dentro del plan de la voluntad de Dios. No sólo identifica a Jesús como Hijo de Dios, sino que además sugiere que es la personificación del pueblo de Dios. Así como Dios llamó al antiguo Israel en Egipto para crearse un pueblo escogido, así llama a Jesús de Egipto a la tierra de Israel para crear un nuevo pueblo (cf. Mt 21:41, 43). El judío Jesús es la clave de la continuidad entre el pueblo antiguo y el nuevo.

2:16-18 La muerte de los inocentes. Aunque la muerte de los inocentes está muy de acuerdo con la crueldad de Herodes al defender su trono en los últimos días de su reinado, este suceso no se cuenta fuera del Evangelio de Mateo. La cita de Jeremías 31:15 se enfoca en Ramá, a cinco millas al norte de Jerusalén. Ramá era en lugar donde murió Raquel, la esposa de Jacob; también era el lugar donde se juntaron los judíos en el siglo sexto a.C. para marchar a la cautividad de Babilonia. Herodes repite la acción salvaje del faraón que mató a los niños israelitas en Egipto (Ex 1:15-22). De hecho, este episodio y los precedentes parecen repetir el Exodo en dirección contraria: Jesús es llevado a Egipto para su seguridad; el rey de Jerusalén representa la incredulidad y dureza de corazón. Herodes actúa como enemigo del pueblo de Dios representado por el Mesías recién nacido. El pasaje del antiguo testamento presenta las acciones de Herodes en conformidad con la voluntad de Dios, sin perdonarlas o justificarlas.

2:19-23 Jesús se establece en Nazaret. Después de la muerte de Herodes el año 4 a.C., su reino se dividió entre sus hijos. Arquelao gobernó Judea, Samaria, e Idumea del 4 a.C. al 6 A.D. La narración de la ida a Nazaret tiene la estructura familiar, aparición del ángel a José en un sueño, orden y razón de ella (cf. Ex 4:19), la determinación de José a obedecer, y la cita del antiguo testamento. No es fácil determinar de dónde ha to-

²¹José, pues, se levantó, tomó al niño y a su madre, y se vino a la tierra de Israel. ²²Pero temió ir a Judea, sabiendo que allí reinaba Arquelao en lugar de Herodes, su padre. Siguiendo un aviso que recibió en sueños, se retiró a Galilea ²³y fue a vivir en un pueblo llamado Nazaret. Así había de cumplirse lo que dijeron los profetas: *Lo llamarán nazoreno.*

Juan Bautista anuncia la venida de Jesús

3 ¹En ese tiempo se presentó Juan Bautista en el desierto de Judea, ²y proclamaba este mensaje: "Cambien su vida y su corazón, porque el Reino de los Cielos se ha acercado". ³De él hablaba el profeta Isaías al decir: *"Escuchen ese grito en el desierto: Preparen el camino del Señor, enderecen sus senderos".*

mado la cita; generalmente se mira a Jueces 13:5, 7 e Isaías 11:1. De cualquier forma, el episodio explica porqué comenzó su ministerio en Galilea.

La tensión entre la continuidad con la tradición judía y la acción de Dios en Jesús, que era tan importante en Mateo 1:1-25, aparece también en el capítulo 2. Cada punto del itinerario del Mesías está fijado con una cita del antiguo testamento; cada episodio contiene frase y personas que recuerdan pasajes bíblicos. Mientras que los sabios gentiles vienen a adorar al rey de los judíos que acaba de nacer, Herodes hace todo lo que puede para matarlo. El futuro del pueblo de Dios está en Jesús de Nazaret, el Hijo de Dios que ha sido llamado de Egipto para vivir, trabajar, y morir en la tierra del pueblo de Dios.

II. EL COMIENZO DEL MINISTERIO DE JESUS

Mt 3:1-4:25

3:1-12 Juan prepara el camino de Jesús (cf. Mc 1:2-8; Lc 3:1-18; Jn 1:19-28). Para narrar la predicación de Juan Bautista, Mateo ha usado material de Marcos y de "Q". La contribución más importante de Mateo se encuentra al comienzo (v. 2), cuando hace un resumen de la predicación de Juan con las mismas palabras que emplea para la predicación de Jesús en 4:17: "Cambien su vida y su corazón, porque el Reino de los Cielos se ha acercado". Juan y Jesús exigen una conversión radical a Dios de toda la persona y la ponen como una exigencia para la nueva era en la que el Dios de Israel va a ser reconocido como Señor por toda la creación. El tiempo está muy cerca.

La primera parte del material sobre Juan Bautista (vv. 1-6) convierte la actividad de Juan en parte de los acontecimientos de la era de Jesús ("En aquellos días") y lo sitúa en el desierto de Judea en el área donde la comunidad que produjo los manuscritos del Mar Muerto tenía su centro. La descripción de Juan, vestido con cilicio y cinturón (v. 4), trae a la me-

⁴Juan vestía un manto de pelo de camello, con un cinturón de cuero, y se alimentaba con langostas y miel de abeja silvestre. ⁵Entonces iban a verlo los judíos de Jerusalén, de Judea y de toda la región del Jordán. ⁶Confesaban sus pecados y Juan los bautizaba en el río Jordán.

⁷Al ver que muchos fariseos y saduceos venían a bautizarse, les dijo: "Raza de víboras, ¿acaso podrán escapar al castigo que se les viene encima? ⁸Muestren, pues, los frutos de una sincera conversión, en vez de confiarse en que son los hijos de Abraham. ⁹Yo les aseguro que Dios es capaz de sacar hijos de Abraham aun de estas piedras. ¹⁰Fíjense que el hacha llega a la raíz. Ya están cortando a todo árbol que no da buen fruto y lo arrojan al fuego.

¹¹Mi bautismo es un bautismo de agua y significa un cambio de vida. Pero otro

moria del lector al profeta Elías según se describe en 2 Reyes 1:8. Juan sigue el estilo de vida de los profetas y puede ser considerado como un nuevo Elías (cf. Mt 11:14; 17:11-13). El historiador judío Josefo (*Antigüedades* 18:116-119) confirma que Juan atrajo con sus exhortaciones grandes multitudes a la justicia y a la piedad. Describe el bautismo de Juan como una acción simbólica que expresaba la conversión del corazón.

En los versículos 7-10, la predicación de Juan se dirige a dos grupos judíos ("los fariseos y los saduceos") que ofrecerán gran resistencia a Jesús en todo el Evangelio. Se les conmina a reformar sus vidas en preparación para la intervención decisiva de Dios ("la ira venidera"). Se les apremia a no confiar en que su abolengo judío ("nuestro padre es Abraham") les proteja. Las referencias a "hijos" y "piedras" probablemente son parte de un juego de palabras en arameo o hebreo. Finalmente, se les notifica que queda poco tiempo ("el hacha llega a la raíz"). En este tiempo de juicio que precede a la plenitud del Reino de Dios; lo que cuenta es el futuro de buenas obras. Juan subraya el arrepentimiento, la acción inmediata, y el "producir frutos" de buenas obras, anticipando las instrucciones de Jesús a sus discípulos.

La segunda parte de la predicación de Juan (vv. 11-12) subordina Juan a Jesús. En este contexto, "otro viene después de mí y más poderoso que yo". En el versículo 11 Juan dice que no es ni siquiera digno de ser esclavo de Jesús llevando sus sandalias; Juan contrasta su bautismo simbólico de agua con la inmersión en el Espíritu Santo y con el fuego purificador del juicio que completarán la proclamación del Reino de Dios por Jesús. La imagen tradicional de juicio como cosecha aparece en el versículo 12. El juicio separará lo bueno ("el grano") de lo malo ("la paja"); está muy cerca.

Cualquiera que haya sido la relación histórica entre el Bautista y Jesús (y sus discípulos), Mateo y los demás escritores del nuevo testamento tuvieron buen cuidado en asociar a Juan con el círculo de Jesús y en su-

viene después de mí y más poderoso que yo y, ¿quién soy yo para sacarle el zapato? El los bautizará en el fuego, o sea, en el soplo del Espíritu Santo. [12]El tiene en sus manos el harnero y limpiará su trigo, que guardará en sus bodegas; pero la paja la quemará en el fuego que no se apaga''.

Jesús recibe el bautismo de Juan

[13]Por ese tiempo vino Jesús de Galilea al río Jordán en busca de Juan para que lo bautizara. [14]Pero Juan se oponía, diciendo: ''Yo soy el que necesito tu bautismo ¿y tú quieres que yo te bautice?''

[15]Jesús le respondió: ''Déjame hacer por el momento; porque es necesario que así cumplamos lo ordenado por Dios''. Entonces Juan aceptó.

[16]Una vez bautizado, Jesús salió del río. De repente se le abrieron los Cielos y vio al Espíritu de Dios que bajaba como paloma y venía sobre él. [17]Y se

bordinarlo a él. Lejos de contradecir a Jesús, Juan predica precisamente lo mismo: conversión de corazón, la llegada del Reino de Dios, y la necesidad de producir frutos de buenas obras. En lugar de rivalizar con Jesús, Juan deja bien claro desde el principio lo mucho que le aventajan la persona y el bautismo de Jesús. Juan Bautista resulta ser un fiel predicador ''cristiano''. Sus palabras valen no sólo para los fariseos y saduceos sino hasta para los cristianos.

3:13-17 El bautismo de Jesús (cf. Mc 1:9-11; Lc 3:21-22). El bautismo de Jesús por Juan es un hecho histórico sin lugar a dudas. Según las narraciones de los Evangelios, Jesús recibió de Juan un bautismo relacionado con el perdón de los pecados. Es inconcebible que los primeros cristianos que tanto reverenciaban a Jesús hubieran inventado una historia en la que Jesús recibía algo de Juan que estaba relacionado con un bautismo de penitencia (cf. Mt 3:2, 6, 8, 11).

Parece claro que el diálogo que encontramos solamente en Mateo 3:14-15 refleja la dificultad de la iglesia al considerar que Jesús fuera bautizado por Juan. Juan muestra humildad y reconocimiento profético de Jesús como ''el que va a venir''. Las primeras palabras de Jesús en este Evangelio contienen la petición de ser bautizado por Juan porque eso es lo que Dios quiere; todo debe hacerse para cumplir el plan divino. Así Mateo explica el que Jesús, libre de todo pecado, reciba un bautismo de penitencia.

Cuando Jesús sale del agua del Jordán (vv. 16-17) suceden cosas extraordinarias, fenómenos supernaturales, que nos hacen recordar el antiguo testamento. La apertura del cielo elimina la separación del cielo y de la tierra (cf. Ez 1:1; Is 64:1). El descenso del Espíritu Santo ''como paloma'' recuerda la actividad del Espíritu de Dios en la creación (cf. Gen 1:2). La voz del cielo describe a Jesús con frases tomadas de varios textos del antiguo testamento (Gen 22:2, Sal 2:7; Is 42:1). La historia llega a su cumbre con la identificación de Jesús como el Hijo de Dios.

oyó una voz celestial que decía: "Este es mi Hijo, el Amado; éste es mi Elegido".

Jesús es tentado en el desierto

4 ¹Luego el Espíritu Santo condujo a Jesús al desierto para que fuera tentado por el diablo. ²Y después de estar sin comer cuarenta días y cuarenta noches, tuvo hambre. ³Entonces se le acercó el tentador y le dijo: "Si eres Hijo de Dios, ordena que esas piedras, se conviertan en pan". ⁴Pero Jesús respondió: "Dice la Escritura que *el hombre no vive solamente de pan, sino de toda palabra que sale de la boca de Dios*".

⁵Después de esto, el diablo lo llevó a la Ciudad Santa, y lo puso en la parte más alta del Templo, ⁶y le dijo: "Si eres Hijo de Dios, tírate de aquí para abajo. Puesto que la Escritura dice: *Dios ordenará a sus ángeles que te lleven en sus manos para que tus pies no tropiecen en piedra al-*

Mateo no da pie para esas teorías que dicen que los sucesos después del bautismo ocurrieron en una visión privada que Jesús tuvo cuando tomó conciencia de su filiación divina. El carácter público de las señales de los versículos 16-17 y del mensaje en tercera persona ("Este es mi Hijo") no deja lugar a dudas que para Mateo estos acontecimientos fueron presenciados por las circunstantes. Mateo está interesado en probar que desde el principio de su ministerio Jesús fue públicamente reconocido como Hijo de Dios. Ha comenzado una nueva era bajo el poder de Dios; en ella se cumplirán todos los planes de Dios.

4:1-11 La tentación del Hijo de Dios (cf. Mc 1:12-13; Lc 4:1-13). El tema de la filiación divina de Jesús tan prominente en el bautismo, se amplía en la historia de la tentación.

Este pasaje se podría titular "la prueba del Hijo de Dios", porque las dos primeras tentaciones son introducidas con las palabras "si eres Hijo de Dios". Las tentaciones y las respuestas de Jesús muestran qué clase de Mesías e Hijo de Dios es él. La localización en el desierto (v. 1) y el número cuarenta (v. 2) sugieren un contraste entre el viejo Israel y Jesús. Durante su peregrinación por el desierto después de la salida de Egipto, el antiguo Israel fue tentado y falló. Donde el viejo Israel fracasó, Jesús triunfa.

La narración de la tentación de Marcos sólo tiene dos versículos (Mc 1:12-13), mientras que las de Mateo 4:1-11 y Lucas 4:1-13 presentan un detallado debate en el que el demonio pone a prueba a Jesús tres veces; Jesús responde con tres citas del Deuteronomio. Después de ayunar cuarenta días y cuarenta noches Jesús tendría hambre. Por ello, la primera prueba (vv. 3-4) es el cambiar las piedras en pan para alimentarse a sí mismo. Jesús toma su respuesta de Deuteronomio 8:3. El Hijo de Dios se alimenta de la palabra de Dios, no sólo de pan.

La segunda prueba (vv. 5-7) presenta a Jesús llevado al punto más alto de la muralla que rodeaba al Templo de Jerusalén. Allí se le invita

guna". ⁷Jesús replicó: "Dice también la Escritura: *No tentarás al Señor tu Dios"*.

⁸En seguida lo llevó el diablo a un cerro muy alto, le mostró todas las naciones del mundo con todas sus riquezas ⁹y le dijo: "Te daré todo esto si te hincas delante de mí y me adoras".

¹⁰Entonces Jesús le respondió: "Aléjate de mí, Satanás, porque dice la Escritura: *Adorarás al Señor tu Dios; a él solo servirás"*.

¹¹Entonces le dejó el diablo y acercándose los ángeles se pusieron a servir a Jesús.

¹²Oyó Jesús que habían encarcelado a Juan, por lo que se alejó, volviendo a Galilea. ¹³Allí, dejando la ciudad de Nazaret, fue a vivir a Cafarnaún, cerca del lago, en los límites de Zabulón y Neftalí.

¹⁴Así se cumplió lo que dijo el profeta Isaías:

a tirarse abajo llamando a Dios en su ayuda, para cumplir el salmo 91:11-12, Jesús toma su respuesta de Deuteronomio 6:16. El Hijo de Dios no pone a su Padre a pruebas tontas y mágicas.

La tercera prueba (vv. 7-10) promete a Jesús todos los reinos del mundo si adora al demonio. La respuesta de Jesús está tomada de Deuteronomio 6:13: El Hijo de Dios sólo adora a su Padre celestial.

¿Qué clase de Hijo de Dios es Jesús? Su conducta en las tres tentaciones revela que no busca satisfacer sus necesidades físicas, ni hacer una exhibición de su condición y poder milagroso, ni colaborar con el demonio para obtener un pder político. Jesús obedece en todo la voluntad del Padre especialmente tal como se manifiesta en los escritos del antiguo testamento. Su conducta es un modelo para los cristianos que se pueden sentir inclinados a poner demasiado interés en las cosas materiales, a tentar a Dios, y a buscar poder y riquezas sin respetar la justicia y la moralidad. Porque Jesús venció personalmente esos ataques de Satanás, él puede liberar a los demás de su tiranía. (Las tentaciones de Jesús tratan sobre el bueno o mal uso de los poderes que tiene. En la primera tentación Jesús se niega a usar su poder para su propio beneficio, pero más adelante lo usará para alimentar a 5,000 personas hambrientas. En la segunda tentación, Jesús nos enseña que uno no debe pretender que el poder de Dios esté al servicio de los caprichos o de la imprudencia humana. En la tercera tentación Jesús rechaza la oferta del control de todos los poderes del mundo para servicio y uso personal. El demonio le propone a Jesús que de tal modo se haga el centro de su mundo, que use sus talentos para se propia ventaja, y que pretenda que Dios y el mundo estén al servicio de sus antojos. Estas tentaciones sobre el mal uso del poder siguen afligiendo a los cristianos pero pueden vencerlas como Jesús.

4:12-17 La predicación del Reino de Dios (cf. Mc 1:14-15; Lc 4:14-15). Después de ser identificado públicamente como Hijo de Dios en la narración del bautismo (3:13-17) y después de demostrar qué clase de Hijo de

¹⁵"*Oigan, territorios de Zabulón y Neftalí y los de las orillas del Mar y de más allá del Jordán; escúchame, Galilea, tierra de paganos.*
¹⁶"*El pueblo postrado en tinieblas acaba de ver una luz grande; sobre los habitantes de la mortal oscuridad la luz amaneció*".
¹⁷Entonces fue cuando Jesús empezó a predicar. Y les decía: "Cambien su vida y su corazón, porque el Reino de los Cielos se ha acercado".

¹⁸Caminaba Jesús a orillas del lago de Galilea y vio a dos hermanos: Simón, llamado después Pedro, y Andrés, que echaban las redes al agua porque eran pescadores. ¹⁹Jesús les dijo: "Síganme y los haré pescadores de hombres". ²⁰Los dos dejaron inmediatamente las redes y empezaron a seguirlo. ²¹Más allá vio a otros dos hermanos: Santiago y Juan; que con Zebedeo, su padre, estaban en su barca, zurciendo

Dios era (4:1-11), Jesús se fue de Judea a Galilea para comenzar su ministerio público (4:12-17). Aunque Marcos no lo hace, Mateo se siente obligado a explicar detalladamente porqué el Mesías tiene que ejercer su ministerio en Galilea, en lugar de Jerusalén y Judea. El arresto de Juan Bautista por Herodes Antipas (hijo de Herodes el Grande), y el peligro que ello significaba para Jesús, no era razón suficiente para esta ida a Galilea. Como en Mateo 2:1-23, la geografía se explica a la luz de las Escrituras: El ministerio de Jesús en Galilea está de acuerdo con la palabras de Isaías 9:1-2 y, por lo tanto, con la voluntad de Dios.

La predicación de Jesús se presenta en Mateo 4:17: "Cambien su vida y su corazón, porque el Reino de los Cielos se ha acercado". Este era también el mensaje de Juan Bautista en 3:2. La primera parte del mensaje contiene la invitación a la conversión y a una nueva orientación de la vida. La segunda parte de la razón: se acerca la revelación final del poder y juicio de Dios y del establecimiento de su autoridad sobre toda la creación. De hecho, como se verá, la última victoria de Dios comienza con el ministerio de su Hijo.

4:18-22 La vocación de los cuatro pescadores (cf. Mc 1:16-20; Lc 5:11). Mateo narra la vocación de los primeros discípulos de modo parecido a Marcos 1:16-20. En el plan general de Mateo, la vocación introduce a tres discípulos que formarán el círculo de íntimos de Jesús entre los Doce: Pedro, Santiago, y Juan. También prepara el campo para la presencia de los discípulos en el sermón de la montaña (5:1) y para la promesa a Pedro (16:17-19). Los maestros judíos no solían llamar a sus discípulos; eran más bien los discípulos quienes solían buscar un maestro de buena reputación por sus conocimientos y su santidad. Esta narración subraya lo atractivo y acogedor que era Jesús.

Jesús encontró a los primeros discípulos en su trabajo diario, pescando en el mar de Galilea entonces, como ahora, el pescar era parte importante de la economía de la región. Sin hacer preparativos y casi sin pen-

La pesca en el mar de Galilea todavía es una ocupación importante, como lo era en el tiempo de Jesús.

"Venid detrás de mí y os haré pescadores de hombres" (Mt 4:19).

El monte de las Beatitudes, escenario del sermón del monte de Jesús, en la costa occidental del mar de Galilea

La capilla de las Beatitudes con vista al mar de Galilea

las redes. Jesús los llamó, ²²y ellos también dejaron la barca y al padre y empezaron a seguirlo.

²³Jesús recorría toda la Galilea enseñando en las sinagogas. Predicaba la Buena Nueva del Reino y sanaba todas las dolencias y enfermedades de la gente. ²⁴Por eso se extendió su fama por toda Siria.

Le traían todos los enfermos, los aquejados por males y dolencias diversas, los endemoniados, lunáticos y paralíticos, y a todos los sanaba. ²⁵Lo seguía un gentío inmenso de Galilea, Decápolis, Jerusalén, Judea y del otro lado del Jordán.

Las bienaventuranzas

5 ¹Jesús, al ver toda esa muchedumbre, subió al monte. Allí se sentó y sus discípulos se le acercaron. ²Comenzó a hablar, y les enseñaba así:

sarlo, dejaron su trabajo y sus familias y se fueron con Jesús. El discipulado es, sobre todo, un estar con Jesús; la pronta respuesta de los discípulos ("inmediatamente", en los vv. 20 y 22) sugiere lo poderosa que era la invitación de Jesús. Pero el discipulado también incluye el compartir la misión de Jesús ("pescadores de hombres" según el v. 19); esta dimensión se subraya desde el principio.

4:23-25 Resumen de la actividad de Jesús (cf. Mc 1:39; Lc 4:44). Casi cada palabra del resumen de la predicación, enseñanza, y sanación de Jesús se encuentran en alguna sección de Marcos (cf. Mc 1:39; 1:28; 3:10; 3:7-8). Aunque la actividad de Jesús se limitó a la región de Galilea, su fama se extendió por toda la provincia de Siria. Al extenderse la fama de Jesús como maestro y sanador, mucha gente comenzó a venir a él. Le traían enfermos de todas clases que eran curados (4:24). Gente de todas las regiones de Israel, excepto Samaria, iban siguiéndole (v. 25). Esta gente, con los discípulos, es la que escucha el sermón de la montaña (cf. 5:1; 7:28).

Como introducción al sermón de la montaña, Mateo ha presentado la superioridad de Jesús sobre Juan Bautista (3:1-12); ha proclamado su divinidad como Hijo de Dios (3:13-17), y ha mostrado qué clase de Hijo de Dios es Jesús (4:1-11). También nos ha dicho porqué Jesús enseñaba y sanaba en Galilea (4:12-17) y cómo reunió a su alrededor un círculo íntimo de discípulos (4:18-22) y muchos otros seguidores (4:23-25). El sermón de la montaña (5:1-7:29) nos hará ver el poder de Jesús como maestro.

III. EL SERMON DE LA MONTAÑA

Mt 5:1-7:29

El sermón de la montaña es el primero de los cinco grandes sermones de Jesús en el Evangelio. Está claramente relacionado con el sermón en

³"Felices los que tienen espíritu de pobre, porque de ellos es el Reino de los Cielos.
⁴Felices los que lloran, porque recibirán consuelo.
⁵Felices los pacientes, porque recibirán la tierra en herencia.
⁶Felices los que tienen hambre y sed de justicia, porque serán saciados.
⁷Felices los compasivos, porque obtendrán misericordia.

⁸Felices los de corazón limpio, porque ellos verán a Dios.
⁹Felices los que trabajan por la paz, porque serán reconocidos como hijos de Dios.
¹⁰Felices los que son perseguidos por causa del bien, porque de ellos es el Reino de los Cielos.
¹¹Dichosos ustedes cuando por causa mía los maldigan, los persigan y les levanten toda clase de calumnias.

el llano, de Lucas 6:20-49, pero es tres veces más largo. Mateo ha recogido enseñanzas tradicionales de Jesús para ofrecer un compendio de la enseñanza de Jesús. La tesis básica del sermón se encuentra en 5:20: "Si su vida no es más perfecta que la de los maestros de la Ley y de los fariseos, no entrarán en el Reino de los Cielos".

La sección introductoria (5:1-20) describe quiénes son bienaventurados (5:3-12), el papel de los discípulos (5:13-16), y la misión de Jesús (5:17-19). La segunda sección (5:21-48) opone la santidad o justicia de los expertos en interpretar la ley del antiguo Testamento ("los escribas") y la mayor santidad o justicia que Jesús enseña. La tercera sección (6:1-18) previene contra una santidad puramente externa como la de los fariseos y otros grupos. La cuarta sección (6:19–7:29) da más consejos para los cristianos en su búsqueda de la santidad.

Las enseñanzas del sermón de la montaña han sido interpretadas de muchos modos: como principios de ética cristiana, consejos para la perfección, ideas imposibles de alcanzar, etc. Para Mateo, estas enseñanzas son directivas de Jesús, el Mesías e Hijo de Dios, cuya autoridad aventaja a la de todo maestro (cf. 7:29). Son ejemplos de las exigencias básicas de Jesús y de la buena noticia de la llegada del Reino de Dios; señalan modos concretos de responder a Jesús y a su predicación.

5:1-2 El lugar. El sermón tiene lugar en la falda de un monte de Galilea. En la Biblia como en otras literaturas, la montaña es con frecuencia un lugar privilegiado para las revelaciones divinas. El hecho de que la primera gran enseñanza de Jesús se da en una montaña le confiere una importancia especial. Y ha introducido a los presentes que incluyen a los discípulos escogidos por Jesús (4:18-22) y a la multitud mencionada al comienzo (5:1) y al final del sermon (7:28). Pero el sermón tiene en mente una audiencia más amplia que los seguidores íntimos de Jesús.

5:3-12 Las bienaventuranzas (cf. Lc 6:20-23). Las bienaventuranzas declaran "benditas" o "felices" a gentes sorprendentes. Las bienaventuranzas son un género literario que encontramos con frecuencia en los

¹²Alégrense y muéstrense contentos, porque será grande la recompensa que recibirán en el cielo. Pues bien saben que así trataron a los profetas que hubo antes que ustedes.

Sal y luz de la tierra

¹³Ustedes son la sal de la tierra. Y si la sal se vuelve desabrida, ¿con qué se le puede devolver el sabor? Ya no sirve para nada sino para echarla a la basura o para que la pise la gente. ¹⁴Ustedes son luz para el mundo. No se puede esconder una ciudad edificada sobre un cerro. ¹⁵No se enciende una lámpara para esconderla en un tiesto, sino para ponerla en un candelero a fin de que

salmos. En los salmos, personas y grupos son declarados bienaventurados (cf. Sal 1:1; 32:1-2; 41:1; 65:4; 84:4-5; 106:3; 112:1; 128:1), y a veces se da la razón de ello. Las bienaventuranzas de Mateo se distinguen de las del antiguo testamento por sus referencias a la venida del Reino de Dios con el cambio de valores que trae consigo. Las cuatro bienaventuranzas de Lucas 6:20-23 parecen reflejar mejor que las de Mateo la forma (''Benditos ustedes . . .'') y el contenido (bendición de los pobres, hambrientos, tristes, y perseguidos) de la predicación de Jesús. La versión de Mateo tiende a espiritualizarlas (''pobres de espíritu'' . . . ''hambre y sed de justicia''), y contiene otras bienaventuranzas que no añade nada al contenido de las de Lucas.

La primera serie de bienaventuranzas (vv. 3-6) proclama felices a los pobres de espíritu (aquellos que se apoyan sólo en Dios), los tristes (cf. Is 61:2-3), los mansos (cf. Sal 27:11), y los que tienen hambre y sed de justicia (aquellos que sólo desean cumplir la voluntad de Dios en sus vidas). Su felicidad mira al futuro, pero ya comienza ahora. Al vivir los valores del Reino, ya desde ahora, anticipan la felicidad que la vida más llena de Dios va a proclamarles. Dios es la fuente de toda su felicidad.

La segunda serie de bienaventuranzas (vv. 7-10) también culmina, como la primera, con una referencia a la santidad (v. 6). Se declaran benditos los misericordiosos, los honrados (cf. Sal 24:3-4), los que trabajan por la paz, y los que sufren por su búsqueda de la justicia. A todos estos se les promete también felicidad futura con Dios. La última bienaventuranza, en los versículos 11-12 (cf. Lc 6:22-23), desarrolla el tema de la persecución a causa de Jesús y la asemeja a la que sufrieron algunos profetas del antiguo testamento.

5:13-16 La misión de los discípulos (cf. Mc 9:50; Lc 14:34-35). La vocación de los seguidores de Jesús se presenta con las imágenes de la sal y la luz. En tiempo de Jesús, la sal se usaba no sólo para mejorar el sabor de los alimentos sino también para preservar la carne y el pescado. Cuando Jesús compara a sus seguidores con la sal (v. 13), les dice que deben mejorar la calidad de la existencia humana y preservarla de la

alumbre a todos los de la casa. [16]Así, pues, debe brillar su luz ante los hombres, para que vean sus buenas obras y glorifiquen al Padre de ustedes que está en los Cielos.

Una ley más perfecta

[17]No crean que yo vine a suprimir la Ley o los Profetas. No vine a suprimirla, sino para darle su forma definitiva. [18]Les aseguro que primero cambiarán el cielo y la tierra antes que una coma de la Ley: todo se cumplirá. [19]Por tanto, el

que deje de cumplir uno de los mandamientos de la Ley, por insignificante que parezca, y enseñe a los hombres a desobedecerlo, será el más pequeño en el Reino de los Cielos; al contrario, el que los cumpla y los enseñe será grande en el Reino de los Cielos.

[20]Y les digo que si su vida no es más perfecta que la de los maestros de la Ley y de los fariseos, no entrarán en el Reino de los Cielos.

[21]Ustedes han escuchado que se dijo a sus antepasados: *"No matarás,* y el que mate deberá responder ante la justicia".

destrucción. En aquel tiempo las únicas lámparas que se usaban tenían la forma de platitos en los que se quemaba el aceite. Estas lámparas no daban mucha luz, pero en tiempos anteriores a la electricidad su luz debía parecer muy brillante. Cuando Jesús llama a sus discípulos a ser luz del mundo (vv. 14-15), les dice que sus acciones sirven de faro para un mundo en oscuridad. Se desafía a los discípulos para que su luz brille (v. 16) como testimonio de su fidelidad a Jesús y al Padre.

5:17-20 La misión de Jesús. La misión de Jesús es presentada en referencia al antiguo testamento o, mejor dicho, el antiguo testamento es presentado en referencia a Jesús. Jesús vino a revelar el verdadero sentido del antiguo testamento, explicando lo que la ley y los profetas querían decir, y de ese modo llevarlo todo a su plenitud (v. 17). La frase del versículo 18 apela a la idea judía de la eternidad de la ley que permanece en vigor "hasta que todo se cumpla" (la plenitud del Reino de Dios, o, quizás, la muerte y resurrección de Jesús). En su contexto en el sermón de la montaña, "uno de los mandatos" (v. 19) puede referirse a las enseñanzas de Jesús más que a los preceptos del antiguo testamento. Jesús es el intérprete autorizado de la tradición judía, el que puede iluminar sus aspectos más profundos. La frase final (v. 20) pide a los discípulos de Jesús que sean mejores que los escribas y fariseos en su búsqueda de la santidad para que puedan entrar al Reino de Dios. Esta frase anuncia la tesis básica de todo el sermón y preparan la estructura de las enseñanzas de las tres secciones siguientes.

5:21-26 Matar y enojarse. La segunda parte del sermón (5:21-48) opone el ideal de santidad de los escribas, basado en la letra de la Ley, con la enseñanza de Jesús que es más radical y exigente. Este contraste se presenta por medio de seis antítesis en las que las palabras del antiguo testamento ("Ustedes han escuchado lo que dijo") son contrastadas con la

²²Yo les digo más: Cualquiera que se enoje contra su hermano comete un delito, y el que lo trate de tonto merecería responder ante el Tribunal Supremo, y el que lo trate de renegado de la fe es digno del infierno.

²³Por eso, cuando presentes una ofrenda al altar, si recuerdas allí que tu hermano tiene alguna queja en contra tuya, ²⁴deja ahí tu ofrenda ante el altar, anda primero a hacer las paces con tu hermano y entonces vuelve a presentarla. ²⁵Llega a un acuerdo con tu enemigo mientras van de camino, no sea que tu enemigo te entregue al juez y el juez al carcelero y te echen al calabozo.

²⁶Te aseguro que no saldrás de ahí sino cuando hayas pagado hasta el último centavo.

²⁷Se dijo a los antepasados: *"No cometerás adulterio"*. ²⁸Ahora yo les digo que quien mira con malos deseos a una mujer, ya cometió adulterio en su interior. ²⁹Por eso, si tu ojo derecho es ocasión de pecado para ti, sácatelo y tíralo lejos; porque es más provechoso para ti perder una parte de tu cuerpo que no seas arrojado entero al infierno. ³⁰Y si tu mano es para ti ocasión de pecado, córtatela; porque es mejor perder una parte de tu cuerpo y no que vayas entero a parar al infierno.

enseñanza de Jesús ("Pero yo les digo a ustedes"). Estas antítesis muestran cómo Jesús "cumple" la ley y los profetas al explicar el significado de los mandatos del antiguo testamento en su nivel más profundo. En algunos casos el mandato bíblico es ampliado para llegar hasta la disposición fundamental, al fondo de la acción prohibida. En otros casos el mandato es aplicado de modo que se vea claramente que ha quedado abrogado. También se incluyen enseñanzas relacionadas con los temas de las seis antítesis.

La primera antítesis (vv. 21-26) trata de la prohibición del asesinato (Ex 20:13; Dt 5:17). Los seguidores de Jesús no se pueden contentar simplemente con evitar homicidios; deben también suprimir la ira y los insultos que llevan al asesinato. Los tres tribunales mencionados en el versículo 22 (juicio o corte local, el Sanedrín, el fuego del infierno) estaban relacionados con un juicio por asesinato, pero aquí se les relaciona con la ira. El punto es que la ira es algo tan serio como el matar. Los versículos 23-26 dan dos ejemplos de deponer la ira y de reconciliación con los demás. El primer caso (vv. 23-24) sugiere que la reconciliación es más importante que la participación en los servicios del Templo, y el segundo (vv. 25-26) previene contra el dejar que una disputa vaya tan lejos que acabe en el tribunal donde el juicio puede ser negativo.

5:27-30 El adulterio y los malos deseos. La segunda antítesis manda evitar los malos deseos como causa radical del adulterio (Ex 20:14; Dt 5:18). La mención de miradas malas en el versículo 28 se explica con frases sobre el ojo y la mano derechos (vv. 29-30) cuando son ocasión de pecado (cf. Mt 18:8-9). La salvación de toda la persona es más importante que la preservación de una parte que pueda llevar al pecado.

³¹Se dijo también: *"El que despida a su mujer le dará un certificado de divorcio".* ³²Pero yo les digo que el que la despide —fuera del caso de infidelidad—la empuja al adulterio. Y también el que se case con esa mujer divorciada comente adulterio.

No jurar

³³Ustedes aprendieron también lo dicho a sus antepasados: *"No jurarás en falso, sino que cumplirás lo que has prometido al Señor".* ³⁴Ahora yo digo: No juren nunca, ni por el cielo, porque *es el trono de Dios;* ³⁵ni por la tierra, *que es la tarima de sus pies;* ni por Jerusalén, porque *es la ciudad del Gran Rey;* ³⁶ni por tu cabeza, porque no puedes hacer blanco o negro ni uno solo de tus cabellos.

³⁷Digan *sí* cuando es sí, y *no* cuando es no, porque lo que se añade lo dicta el demonio.

Amar a todos los hombres

³⁸Ustedes saben que se dijo: *"Ojo por ojo y diente por diente".*

En cambio, yo les digo: ³⁹No resistan a los malvados. Preséntale la mejilla izquierda al que te abofetea la derecha, ⁴⁰y al que te arma pleito por la ropa,

5:31-32 El divorcio. La antítesis sobre el divorcio parece abrogar el permiso y el proceso de Dt 24:1. Según Jesús, no se permite el divorcio (cf. Lc 16:18; 1 Cor 7:10-11; Mc 10:2-12; Mt 19:3-12). La versión de Mateo de la enseñanza de Jesús sobre el divorcio parece incluir alguna excepción: "fuera del caso de infidelidad" (5:32; 19:9). La palabra griega traducida por "infidelidad" es *porneia* que se refiere a algún tipo de pecado o irregularidad sexual. En Hechos 15:20, 29 *porneia* se refiere a matrimonios contraidos en grados de consaguinidad prohibidos en Levítico 18:6-18, a las uniones incestuosas. Estas excepciones probablemente tenían en mente algunos miembros de la comunidad de Mateo que se habían casado irregularmente antes de hacerse cristianos.

5:33-37 El juramento. La antítesis sobre el jurar parece ir más allá de la prohibición del antiguo testamento de no jurar en falso (Lev 19:12; Num 30:2; Dt 23:21), eliminando todo juramento. En un periodo de judaísmo en que juramentos y votos abundaban, Jesús recomienda a sus discípulos ser veraces y sinceros en sus palabras. Nadie tiene poder o control sobre el cielo, la tierra o Jerusalén; sólo Dios es el Señor absoluto. Ni siquiera tenemos control total sobre nuestro cuerpo. Por ello, nadie tiene derecho a jurar tomando por testigo esas cosas.

5:38-42 La venganza (cf. Lc 6:29-30). La quinta antítesis muestra cómo la antigua ley de retaliación, la ley del talión, del antiguo testamento queda abrogada (Ex 21:23-24; Lev 24:19-20; Dt 19:21). Esta ley ("ojo por ojo, diente por diente") había servido para moderar el deseo de venganza y poner límites a la violencia. Jesús manda a los discípulos que renuncien a la retaliación permitida en el antiguo testamento y que rompan el ciclo de la venganza. Los discípulos no deben adoptar las actitudes y acciones de sus enemigos; esto aparece en cuatro ejemplos de respuesta al mal

entrégale también el manto. ⁴¹Si alguien te obliga a llevarle la carga, llévasela el doble más lejos. ⁴²Dale al que te pida algo y no le vuelvas la espalda al que te solicite algo prestado.

⁴³Ustedes saben que se dijo: *"Ama a tu prójimo y guarda rencor a tu enemigo"*. ⁴⁴Pero yo les digo: Amen a sus enemigos y recen por sus perseguidores. ⁴⁵Así serán hijos de su Padre que está en los cielos. El hace brillar el sol sobre malos y buenos, y caer la lluvia sobre justos y pecadores.

⁴⁶Porque si ustedes aman a los que los aman, ¿qué premio merecen?,

⁴⁷¿Qué hay de nuevo si saludan a sus amigos? ¿no lo hacen también los que no conocen a Dios? ⁴⁸Por lo tanto, sean perfectos como es perfecto su Padre que está en el Cielo.

Hacer el bien sin decirlo

6 ¹Tengan cuidado de no hacer el bien delante de los hombres, para que los vean; de lo contrario, el Padre celestial, Padre de ustedes, no les dará ningún premio. ²Por eso, cuando des limosna, no lo publiques al son de trompetas, como hacen los hipócritas en las

(vv. 39-42; cf. Lc 6:29-30). Cada ejemplo cuestiona las reacciones ordinarias de conducta humana.

5:43-48 El amor a los enemigos (cf. Lc 6:27-28, 32-36). La última antítesis exige a los discípulos de Jesús que amen no sólo a los de su propio grupo nacional o religioso (Lev 19:18), sino hasta a los enemigos. Esta exigencia se funda no en la naturaleza humana sino en el ejemplo de Dios. Es humano (como lo hacen los recaudadores de impuestos y los paganos) el amar a los que les aman y saludar a los miembros de la propia familia. Pero Dios hace salir el sol sobre los buenos y los malos y envía la lluvia sobre los justos y los injustos. Cuando se toma como modelo el amor y cuidado de Dios para todos, el discípulo de Jesús no pueden limitar su amor a su propio grupo o nación. La perfección de los discípulos es reflejo de la perfección de Dios y se mide por ella.

6:1-4 La limosna. En la tercera sección del sermón (6:1-18) se examinan tres prácticas religiosas que eran muy importantes para los fariseos. Después de presentar el principio general de que las acciones religiosas deben hacerse para honrar a Dios y no simplemente para mejorar la propia imagen (v. 1), el pasaje considera la limosna (vv. 2-4), la oración (vv. 5-15), y el ayuno (vv. 16-18). Cada sección describe la conducta a evitar, una enseñanza sobre la buena actitud y la promesa de la recompensa divina. Se critica la ostentación de la piedad, no las acciones piadosas en sí mismas.

En una sociedad en la que no había organismos asistenciales, la obligación de ayudar a los pobres (vv. 2-4), los indefensos, y los enfermos era una obligación grave para la gente piadosa. En el versículo 2 Jesús, con la imagen del tocar la trompeta, critica a los que hacen ostentación de su caridad. Jesús los llama "hipócritas", palabra que originalmente

sinagogas y en las calles, para que los hombres los alaben. Yo les digo que ya recibieron su premio.

³Tú, en cambio, cuando das limosna, no debe saber tu mano izquierda lo que hace tu derecha; ⁴cuida que tu limosna quede en secreto, y tu Padre, que ve los secretos, te premiará.

⁵Cuando recen no hagan como los hipócritas, que gustan orar de pie en las sinagogas y en las esquinas de las plazas, para que los hombres los vean. Ellos ya recibieron su premio.

⁶Tú, cuando reces, entra en tu pieza, cierra la puerta y reza a tu Padre que comparte tus secretos, y tu Padre, que ve los secretos, te premiará. ⁷Al orar no multipliquen las palabras, como hacen los paganos que piensan que por mucho hablar serán atendidos. ⁸Ustedes no recen de ese modo, porque antes que pidan, el Padre sabe lo que necesitan.

El Padre nuestro

⁹Ustedes, pues, oren de esta forma:
Padre nuestro,
Padre de los Cielos,
santificado sea tu Nombre,
¹⁰venga tu Reino,
hágase tu voluntad
en la tierra como en el Cielo.

designaba a los artistas en un escenario y que aquí equivale a falsarios. Los escribas y fariseos son también acusados de hipocresía en el capítulo 23. Los discípulos de Jesús deberán estar tan lejos de querer exhibir su religiosidad que ni siquiera busquen su propia satisfacción sabiendo lo que dan al dar limosna (6:3). Los versículos 2-3 exageran claramente para poner de relieve el contraste entre el buscar a sí mismo y el buscar el bien de los demás en materia religiosa. Dios que ve las acciones ocultas recompensará la caridad que se haga con sencillez (v. 4).

6:5-15 La oración (cf. Lc 11:2-4). La sección sobre la oración comienza del mismo modo que la anterior. La conducta a evitar aquí es el hacer de la oración un espectáculo público (v. 5). El único premio para ese tipo de oración es la publicidad que crea. La oración que se hace buscando alabanza humana no es ni siquiera oración. Los discípulos de Jesús tienen que evitar el exhibirse públicamente en la oración (v. 6). Las oraciones públicas judías no se podían condenar en tiempos de Jesús y Mateo y no se condenan aquí; el texto nos vuelve a ofrecer otra frase exagerada para precaver enérgicamente contra la exhibición religiosa. Dios recompensará solamente la oración genuina y sincera.

Ligados a la enseñanza sobre la oración, encontramos varios dichos sobre la oración (vv. 7-8), un modelo de oración (vv. 9-13), y aviso sobre el perdón (vv. 14-15). La piedad judía debe mucha importancia a la oración de petición, pero Jesús dice que no hay que confundir la cantidad de la calidad (v. 7). Dios es un Padre amoroso que conoce las necesidades de sus hijos antes de que se las presenten, pero quiere que le pidan confiadamente (v. 8). Al pedir no informamos a Dios sobre nuestra necesidad sino que, más bien, expresamos nuestra dependencia de la fe.

¹¹Danos hoy el pan de esta día ¹²y perdona nuestras deudas, como nosotros perdonamos a nuestros deudores, ¹³y no nos dejes caer en la prueba, sino líbranos del Malo. ¹⁴Queda bien claro que si ustedes perdonan las ofensas de los hombres, también el Padre celestial los perdonará. ¹⁵En cambio, si no perdonan las ofensas de los hombres, tampoco el Padre los perdonará a ustedes.

¹⁶Cuando ayunen, no pongan cara triste, como hacen los hipócritas, que se desfiguran la cara para mostrar a todos que ayunan. Les aseguro que ya recibieron su recompensa. ¹⁷Tú, cuando ayunes, perfúmate el cabello y no dejes de lavarte la cara, ¹⁸porque no son los hombres quienes deben darse cuenta de que tú ayunas, sino tu Padre que está en lo secreto, y tu Padre que ve en lo secreto te premiará.

¹⁹No se hagan tesoros en la tierra, donde la polilla y el gusano los echan

La llamada oración dominical o Padre Nuestro (vv. 9-13) se ofrece como un modelo. La mayoría de sus fases eran comunes a oraciones judías de su tiempo. La versión más corta y quizás más primitiva de Lucas (Lc 11:2-4), llama a Dios simplemente "Padre" y no incluye las peticiones de Mateo 6:10, 13. La versión de Mateo comienza con una invocación típicamente judía: "Padre nuestro, que estás en el cielo". Las tres peticiones siguientes, en segunda persona, se dirigen directamente a Dios (vv. 9b-10) y piden la venida del Reino de Dios. Piden que Dios haga llegar el tiempo que sea reconocido como el Santo por toda la creación, que su reinado se manifieste sobre todas las cosas y que su voluntad se haga en la tierra tan perfectamente como se hace en el cielo. Las tres peticiones para "nosotros" (vv. 11-13) piden salud corporal y espiritual en el tiempo difícil antes de la llegada de la plenitud del Reino de Dios nos lleve a perdonar a los que nos han ofendido, y que no seamos presa del maligno en el tiempo de prueba que acompaña a la venida del Reino de Dios.

La enseñanza sobre el perdón va unida la Padre Nuestro (vv. 14-15) porque trata del mismo tema que una de las peticiones (6:12). Hace de nuestra voluntad de perdonar requisitos necesarios para que Dios nos perdone a nosotros.

6:16-18 El ayuno. La doctrina sobre el ayuno sigue la estructura de las secciones sobre la limosna y la oración. El calendario judío mandaba ayunar muchos días; los fariseos piadosos ayunaban dos veces por semana. El versículo 16 critica no el ayuno en sí mismo sino el publicarlo. Se pide a los discípulos que oculten sus ayunos aparentando estar de fiesta (v. 17). Dios sabrá que ayunan y les recompensará apropiadamente (v. 18).

6:19-34 Confianza en Dios (cf. Lc 12:33-34; 11:34-36; 16:13; 12:22-34). La sección final del sermón (6:19–7:29) da consejos sobre la búsqueda cristiana de la santidad. El tema básico es la decisión en favor o en contra

a perder y donde los ladrones rompen el muro y roban.

²⁰Acumulen tesoros en el Cielo, donde ni la polilla ni el gusano los echan a perder, ni hay ladrones para romper el muro y robar.

²¹Pues donde están tus riquezas, ahí también estará tu corazón.

²²Tu ojo es tu lámpara. Si tu ojo es limpio, toda tu persona aprovecha la luz. Pero, si es borroso, toda tu persona estará en la confusión. ²³Si lo que había de luz en ti se volvió confusión icómo serán tus tinieblas!

Poner su confianza en Dios y no en el dinero

²⁴Ningún servidor puede quedarse con dos patrones, porque verá con malos ojos al primero y amará al otro, o bien preferirá al primero y no le gus-tará el segundo. Ustedes no pueden servir al mismo tiempo a Dios y al dinero.

²⁵Por eso les digo: No anden preocupados por su vida: ¿qué vamos a comer?, ni por su cuerpo: ¿qué ropa nos pondremos? ¿No es más la vida que el alimento y el cuerpo más que la ropa? ²⁶Miren cómo las aves del cielo no siembran, ni cosechan, ni guardan en bodegas, y el Padre celestial, Padre de ustedes, las alimenta. ¿No valen ustedes más que las aves?

²⁷¿Quién de ustedes, por más que se preocupe, puede alargar su vida? ²⁸Y ¿por qué preocuparse por la ropa? ¡Miren cómo crecen los lirios del campo! No trabajan ni tejen, ²⁹pero créanme que ni Salomón con todo su lujo se puso traje tan lindo. ³⁰Y si Dios viste así a la flor del campo que hoy está y ma-

de Dios. Los temas se relacionan con las peticiones del Padre Nuestro: confianza en que Dios nos dará la comida y el vestido ("Danos hoy nuestro pan de cada día"), evitar condenar a los demás ("Como también nosotros perdonamos"), acercarnos a Dios como Padre nuestro en nuestras peticiones ("Padre Nuestro"), y caminar por la senda estrecha ("líbranos").

El contenido de la primera parte (vv. 19-34) trata los varios aspectos de la elección entre Dios y las riquezas terrenas. La enseñanza sobre la verdadera riqueza en los versículos 19-21 (cf. Lc 12:33-34) muestra el contraste entre la fragilidad de los tesoros terrenos y el tesoro eterno de Dios que recompensa a los que dan limosna, oran, y ayunan en secreto (vv. 1-18). La enseñanza que sigue asume que los ojos dan dirección a todo el cuerpo. En este contexto (cf. Lc 11:34-36), se refiere a la necesidad de una buena visión espiritual para que la persona pueda actuar como debe. Los que no tienen la vista enfocada en la obediencia a Dios caerán en la oscuridad. La decisión en favor o en contra de Dios tiene consecuencias para todas las dimensiones de la vida. Hay que escoger entre Dios y la riqueza terrena (v. 24; cf. Lc 16:13) que es llamada Manamón ("en quien se confía").

La enseñanza sobre los cuidados y la ansiedad de los versículos 25-34 (cf. Lc 12:22-34) buscan liberar a los discípulos de Jesús de la excesiva preocupación por la comida y el vestido (v. 31) haciéndoles varias consideraciones. Se les pide que reflexionen sobre el cuidado de Dios de la

ñana se echará al fuego, ¿no hará mucho más por ustedes, hombres de poca fe? [31]¿Por qué, pues, tantas preocupaciones?: ¿qué vamos a comer?, o ¿qué vamos a beber?, o ¿con qué nos vestiremos? [32]Los que no conocen a Dios se preocupan por esas cosas. Pero el Padre de ustedes sabe que necesitan todo eso. [33]Por lo tanto, busquen primero el Reino y la justicia de Dios, y esas cosas vendrán por añadidura. [34]Ni se preocupen por el día de mañana, pues el mañana se preocupará de sí mismo. Basta con las penas del día.

La viga y la pelusa

7 [1]No juzguen y no serán juzgados; [2]porque de la manera que juzguen serán juzgados y con la medida con que midan los medirán a ustedes. [3]¿Por qué ves la pelusa en el ojo de tu hermano y no ves la viga en el tuyo? [4]¿Cómo te atreves a decir a tu hermano: Déjame sacarte esa pelusa del ojo, teniendo tú una viga en el tuyo? [5]Hipócrita, sácate primero la viga que tienes en el ojo y así verás mejor para sacar la pelusa del ojo de tu hermano.

[6]No den las cosas sagradas a los perros, ni echen sus joyas a los cerdos. Ellos podrían pisotearlas y, después, se lanzarían encima de ustedes para destrozarlos.

[7]Pidan y se les dará; busquen y hallarán; llamen a la puerta y se les abrirá. [8]Porque el que pide, recibe; el que busca, halla, y al que llame a una

naturaleza (los pájaros y las flores silvestres); deben pensar que ellos son mucho más importantes a los ojos de Dios. Tienen que admitir que el andar preocupados no resuelve nada (v. 33). El Dios a quien llaman Padre conoce todas sus necesidades.

7:1-6 No hay que hacer juicios (cf. Lc 6:37-38, 41-42). Los discípulos de Jesús no deben condenar a nadie. Esta es prerrogativa de Dios el día del juicio. Su manera de comportarse en este punto determinará cómo serán tratados por Dios (vv. 1-2). Esto no elimina la práctica de la corrección en el seno de la comunidad (18:15-18), pero se debe corregir teniendo el cuenta la propia debilidad y los prejuicios propios (vv. 3-5). Tampoco deja a un lado la prudencia y discreción necesarias para enfrentarse con enemigos de fuera y con cristianos endurecidos y apóstatas.

7:7-11 Acercarse a Dios en la oración (cf. Lc 11:9-13). Uno debe acercarse a Dios en la oración con audacia y confianza. Mateo subraya la importancia de la oración de petición (''Pidan . . . Busquen . . . Llamen''); se supone la eficacia de tales oraciones (vv. 7-8). La manera en que un padre humano cuida de sus hijos dándoles cosas buenas cuando se las piden nos da idea de cómo el Padre celestial escucha nuestras oraciones. (vv. 9-11)

7:12 La regla de oro (cf. Lc 6:31) La llamada regla de oro del versículo 12 de tratar a los demás como quisieras que te trataran a ti, no es original o propia de Jesús. El interés principal de Mateo era ofrecerla como resumen de la tradición del antiguo testamento. El maestro judío Hillel enseñaba algo parecido (''Lo que no ten gusta, no se lo hagas a tu prójimo''),

puerta, le abrirán. [9]¿Quién de ustedes da una piedra a su hijo si le pide pan, [10]o una culebra si le pide pescado? [11]Si ustedes, que son malos, saben dar cosas buenas a sus hijos, con major razón el Padre celestial, Padre de ustedes dará cosas buenas a los que se las pidan.

[12]Entonces, todo lo que ustedes desearían de los demás, háganlo con ellos: ahí tienen toda la Biblia.

[13]Entren por la puerta angosta, porque la puerta ancha y el camino amplio conducen a la perdición y muchos entran por ahí. [14]Angosta es la puerta y estrecho el camino que conduce a la salvación, y son pocos los que dan con ellos.

El árbol se conoce por sus frutos

[15]Tengan cuidado con los falsos profetas, que vienen a ustedes disfrazados de ovejas, cuando en realidad son lobos feroces. [16]Ustedes los conocerán por sus frutos. No se sacan uvas de los espinos, ni higos de los cardos. [17]Todo árbol bueno da frutos buenos, y el árbol que no es bueno no los da. [18]El árbol bueno no puede dar frutos malos, ni el árbol malo dar frutos buenos. [19]Por lo tanto, reconocerán al árbol por sus frutos. [20]El árbol que no da frutos se corta y se echa al fuego.

La casa edificada sobre la roca

[21]No es el que me dice: ¡Señor!, ¡Señor!, el que entrará en el Reino de los Cielos, sino el que hace la voluntad de mi Padre del Cielo. [22]En el día del juicio muchos me dirán: Señor, Señor, profetizamos en tu Nombre, y en tu Nombre arrojamos los demonios, y en tu nombre hicimos muchos milagros. [23]Yo les diré entonces: No los reconozco. Aléjense de mí todos los malhechores.

[24]El que escucha mis palabras y las practica es como un hombre inteligente que edificó su casa sobre la roca. [25]Cayó la lluvia a torrentes, sopló el viento huracanado contra la casa, pero la casa no se derrumbó, porque tenía los cimientos sobre la roca. [26]En cambio, el que

y añadía que todo el resto de la ley y los profetas no son más que explicaciones de esto (cf. Tob 4:15).

7:13-27 Decidirse por o contra Dios. (cf. Lc 13:24; 6:43-44; 13:25-27; 6:47-49). El sermón concluye con una serie de contrastes sobre la decisión en favor o en contra de Dios. La imagen de los dos caminos (vv. 13-14; cf. Lc 13:24) es común en el antiguo testamento; fue desarrollada en los manuscritos del Mar Muerto y en el escrito cristiano primitivo llamado Didaché. La idea de que la puerta es angosta y el camino duro es peculiar a Mateo. Los falsos profetas (vv. 15-20; cf. Lc 6:43-44) deben ser juzgados según el Deuteronomio 13:1-5 y 18:20-22. ¿Se cumple la palabra del profeta? ¿Hace el profeta extraviar al pueblo? Los resultados (o los frutos) muestran el carácter del profeta (y del árbol).

Las enseñanzas de los versículos 21-23 (cf. Lc 13:25-27) tratan también de la relación entre las palabras y los hechos: no basta decir ''Señor, Señor,'' porque sólo el hacer la voluntad de Dios da entrada a su Reino. El cimiento firme mencionado en los versículos 24-27 (cf. Lc 6:47-49) abarca las palabras y los hechos. (En la mentalidad judía, el ''ser'' y el ''hacer'' u obrar están íntimamente ligados. Para Mateo, el que quiera ''ser'' bueno

oye estas palabras sin ponerlas en práctica, es como el que no piensa, y construye su casa sobre la arena. ²⁷Cayó la lluvia a torrentes, soplaron los vientos contra la casa, y ésta se derrumbó con gran estrépito''.

²⁸Cuando Jesús terminó estos discursos, lo que más había impresionado a la gente era su modo de enseñar, ²⁹porque hablaba con autoridad y no como los maestros de la Ley que tenían ellos.

Curación de un leproso

8 ¹Cuando Jesús bajó del monte, lo siguió mucha gente.
²Un leproso vino a arrodillarse delante de él y le dijo: ''Señor, si quieres, tú puedes limpiarme''. ³Jesús alargó la mano, lo tocó y le dijo: ''Lo quiero;

tendrá que ''hacer'' el bien de acuerdo a la enseñanza de Jesús. La escena del juicio final (25:31-46) lo probará elocuentemente.)

7:28-29 Conclusión. El sermón de la montaña acaba como los otros discursos de Jesús (cf. 11:1; 13:53; 19:1; 26:1): ''Cuando Jesús terminó estos discursos . . .''. El contraste entre la autoridad demostrada por Jesús y la falta de autoridad de los escribas (cf. Mc 1:22) era importante para Mateo y su comunidad que experimentaban la division entre la iglesia y sinagoga (''sus escribas'').

IV. LAS ACCIONES PODEROSAS DE JESUS

Mt 8:1–9:38

Después de mostrar el poder de Jesús como maestro en el sermón de la montaña, Mateo ofrece ejemplos de su poder como sanador y milagroso en los capítulos 8-9. Jesús es poderoso en palabras y obras. Nueve acciones poderosas son estructuradas en tres grupos de tres (8:1-17; 8:23–9:8; 9:18-34). Los grupos están separados entre sí por material no milagroso (8:18-22; 9:9-17; 9:35-38) en el que resalta el tema del discipulado. El sermón y las acciones poderosas de Jesús son parte del ministerio de Jesús en Galilea (cf. 4:23; 9:35).

8:1-4 Poder sobre la lepra (cf. Mc 1:40-45; Lc 5:12-16). El primer ciclo de acciones poderosas (8:1-17) presenta su poder sobre la lepra, parálisis, fiebre, y posesión diabólica. Muestra la compasión de Jesús hacia los marginados por la sociedad judía: leprosos, paganos, siervos, mujeres, y endemoniados.

La versión de Mateo de la sanación del leproso (vv. 1-4) contiene una frasepuente (v. 1), la petición del leproso (v. 2), la respuesta de Jesús, la acción milagrosa (v. 3), y la instrucción final de presentarse a los sacerdotes del Templo (v. 4). La palabra clave es ''limpiar'' o ''curar'' que se

35

queda limpio''. Su lepra desapareció inmediatamente.

⁴Jesús le dijo en seguida: ''No lo digas a nadie, sino ve a mostrarte al sacerdote y presenta la ofrenda ordenada por la Ley de Moisés; así comprobarán lo sucedido''.

Jesús sana al sirviente del capitán

⁵Jesús entró en Cafarnaún. Se le presentó un capitán que le suplicaba, ⁶diciendo: ''Señor, mi muchacho está en cama, totalmente paralizado, y sufre terriblemente''. ⁷Jesús le dijo: ''Yo iré a sanarlo''.

⁸Contestó el capitán: ''Señor, no soy digno de que entres bajo mi techo. Di una palabra solamente y mi sirviente sanará. ⁹Yo mismo, aunque soy un subalterno, tengo autoridad sobre mis soldados; le digo a uno: Marcha, y marcha; y a otro: Ven, y viene; y a mi sirviente: Haz esto, y lo hace''.

¹⁰Jesús se maravilló al oírlo y dijo a los que le seguían: ''En verdad no he encontrado fe tan grande en el pueblo de Israel, ¹¹y les aseguro que vendrán muchos del oriente y del occidente y se sentarán a la mesa con Abraham, Isaac y Jacob en el Reino de los Cielos. ¹²En

repite en la petición de sanación (v. 2), en la respuesta de Jesús (v. 3a), y en la narración de lo que ocurrió (v. 3b).

La narración de Mateo es más simple que la de Marcos 1:40-45. Nada se dice de las emociones de Jesús de Marcos 1:41 y 43, ni del impacto de la curación en el público de Marcos 1:45. En Mateo 8:2, Jesús es llamado ''Señor'', lo cual deja clara su dignidad y pone el milagro en la línea de la fe orante. Esta estructura más sencilla ayuda a destacar el interés de Jesús por cumplir exactamente la ley del antiguo testamento sobre la purificación de los leprosos (Lev 14:2-9). Los temas principales de la narración de Mateo son: la autoridad de Jesús como Mesías e Hijo de Dios, cómo se le debe acercar uno con fe, y su cumplimiento de la ley del antiguo testamento.

8:5-13 Poder sobre la parálisis (cf. Lc 7:1-10; Jn 4:43-54). Los temas de la autoridad y el poder de Jesús continúan en la curación del siervo del centurión. Se pone especial atención en la fe de un pagano en el poder de Jesús. El centurión era un soldado pagano (probablemente un sirio) que estaba acuartelado en la guarnición de Cafarnaún. Lucas lo presenta comunicándose con Jesús a través de intermediarios (los ancianos judíos y sus amigos); Mateo lo pone en diálogo de fe directamente con Jesús. Su petición en el versículo 6 está precedida por la palabra ''Señor'', y su respuesta ante la disponibilidad de Jesús para ir a sanar a su siervo paralítico hace resaltar su fe en la palabra de Jesús (v. 8). Como militar, conoce la fuerza de un mandato en un ejército bien organizado, y por ello cree que la palabra de Jesús tiene poder para sanar a su siervo (vv. 8-9).

La fe del centurión pagano es alabada como superior a la fe que Jesús ha encontrado en el pueblo elegido de Dios (v. 10). Ella anticipa el tiempo después de la resurrección de Jesús, cuando los gentiles hallarán lugar

cambio, los que debían entrar al Reino serán echados fuera, a las tinieblas, donde hay llanto y desesperación''. ¹³En seguida dijo Jesús al capitán: ''Puedes irte, y que te suceda como creíste''. Y en aquella hora el muchacho quedó sano. ¹⁴Habiendo ido Jesús a la casa de Pedro, encontró a la suegra de éste en cama, con fiebre. ¹⁵Jesús la tomó de la mano y le pasó la fiebre. Ella se levantó y comenzó a atenderle. ¹⁶Al llegar la noche le trajeron muchos endemoniados. El echó a los demonios con una sola palabra y sanó a todos los enfermos. ¹⁷Así se cumplió la profecía de Isaías: *Hizo suyas nuestras debilidades y cargó con nuestras enfermedades.* ¹⁸Jesús, al verse rodeado de un gran gentío, mandó pasar a la otra orilla del lago. ¹⁹En ese momento un maestro de la Ley se acercó a él y le dijo: ''Maestro, te seguiré a donde vayas''. ²⁰Jesús le contestó: ''Los zorros tienen sus madrigueras y las aves sus nidos, pero el Hijo del Hombre no tiene ni dónde descansar la cabeza''. ²¹También uno de sus discípulos le dijo: ''Señor, deja que me vaya y pueda primero enterrar a mi padre''. ²²Jesús

entre el pueblo de Dios en el banquete del cielo (y de la iglesia) mientras que muchos judíos se quedarán fuera por su falta de fe en Jesús (vv. 11-12). En respuesta a la fe del centurión, Jesús sana al siervo (v. 13).

8:14-17 El poder sobre la fiebre y sobre los demonios (cf. Mc 1:29-34; Lc 4:38-41). En 8:14-17, Mateo condensa las narraciones de Marcos de la sanación de la suegra de Pedro y de muchos enfermos en Cafarnaún. Además de omitir el contexto de Marcos, Mateo omite también la mención de Simón (Pedro), Andrés, Santiago, y Juan. Jesús cura milagrosamente a la mujer; la prueba de la curación es que se pone a servirle a él (no a ellos, como en Mc 1:31). En el relato de la sanación general (vv. 16-17), Mateo omite algunos detalles y que Jesús no dejaba hablar a los demonios. Pero en el versículo 17 añade que en su actividad curativa Jesús cumplía la profecía de Isaías 53:4. Esta cita no sólo continúa el tema de que Jesús lleva a su plenitud el antiguo testamento sino que también identifica a Jesús con el Siervo Doliente.

8:18-22 Las exigencias del discipulado (cf. Lc 9:57-60). La primera y segunda tresena de las acciones poderosas de Jesús (8:1-17; 8:23–9:8) están separadas por enseñanzas sobre las exigencias radicales del discipulado. En primer lugar, un escriba se dirige a Jesús llamándole ''Maestro'', y se ofrece a seguirle a dondequiera que vaya; en respuesta Jesús le dice que el Hijo del Hombre no da garantía de seguridad. En el segundo caso, un ''discípulo'' pide permiso para ir a enterrar a su padre (cf. 1 Re 19:20), pero el Señor exige que escoja entre el discipulado y las obligaciones familiares. De este modo indica que la llamada a seguir a Jesús está sobre todas las demás obligaciones y que puede llevar a romper los lazos familiares. (Es también posible que aquel discípulo pensará en seguir a Jesús, algunos años más tarde, después de la muerte de su padre

le contestó: "Sígueme y deja que los muertos entierren a sus muertos".

Jesús calma la tempestad

²³Después, Jesús subió a la barca y lo seguían sus discípulos. ²⁴Se desató una tormenta tan grande en el mar, que las olas cubrían la barca, pero él dormía.

²⁵Los discípulos se le acercan y lo despiertan, diciéndole: "Socórrenos, Señor, que nos hundimos". ²⁶Jesús les dice: "Gente de poca fe, ¿por qué tienen miedo?" Después se pone en pie, da una orden a los vientos y al mar, y todo queda tranquilo.

²⁷Aquellos hombres, llenos de admiración, exclamaron: "¿Quién es éste, a quien hasta los vientos y el mar obedecen?"

Los demonios y los cerdos

²⁸Al llegar a la orilla opuesta, a la tierra de Gadara, dos endemoniados salieron de entre unos sepulcros y vinieron a su encuentro. Eran hombres tan salvajes que nadie podía pasar por ese camino. ²⁹Y se pusieron a gritar: "Hijo de Dios, ¿qué quieres con nosotros? ¿Viniste a atormentarnos antes de tiempo?"

anciano; Jesús exige una respuesta inmediata y sin dilación). Estas enseñanzas nos quieren hacer reflexionar sobre la seriedad y el significado del discipulado. Su carácter extremado crea una tensión que sólo puede resolver aceptando la llamada.

8:23-27 Poder sobre el mar (cf. Mc 4:35-41; Lc 8:22-25). El segundo ciclo de acciones poderosas de Jesús (8:23–9:8) revela su poder sobre el mar, los demonios, y el pecado. El relato de Mateo sobre la calma de la tempestad (vv. 23-27) elimina algunos detalles de Marcos 4:35-41, y pone más en claro los temas del discipulado y de la fe. En el versículo 23, Jesús toma la iniciativa y los discípulos le "seguían" (palabra técnica para el discipulado). De este modo, la doctrina sobre el discipulado de los versículos 18-22 queda vinculada al poder de Jesús sobre el mar.

Es posible que los lectores de Mateo pudieran pensar en algunas de las ideas siguientes: el mar como la fuerza del caos que enfrenta a Dios; la tempestad como un suceso escatológico; la barca como la iglesia. Su petición en el versículo 25 tiene forma de oración: "Socórrenos, Señor". La respuesta de Jesús a su oración toma el tema de Marcos de la ceguera de los discípulos y los considera hombres de "poca fe". Aunque ya tuvieran algo de fe, los discípulos estaban aún muy lejos de la fe perfecta. Bajo el cuidado editorial de Mateo, el tema del poder de Jesús está complementado por los temas del discipulado y de la fe que se concretizan en la oración a Jesús, el Señor.

8:28-34 Poder sobre los demonios (cf. Mc 5:1-20; Lc 8:26-39). Mateo pone la segunda acción milagrosa de esta serie en Gadara que estaba mucho más cercana a la costa del Mar de Galilea que Jerasa (cf. Mc 5:1). Afecta a dos hombres poseídos por el demonio, en lugar de uno (Mc 5:2), quizás porque Mateo ha combinado dos narraciones de Marcos (Mc 1:21-

³⁰Había por allí, a alguna distancia, una gran cantidad de cerdos que estaban pastando. ³¹Los demonios suplicaron a Jesús: "Si nos expulsas, mándanos a esta manada de cerdos". Jesús les dijo: "Vayan". ³²Salieron, pues, y se metieron en los cerdos. Y sucedió que de repente toda la manada se lanzó al mar desde lo alto del acantilado y perecieron en las aguas. ³³Los cuidadores huyeron y fueron a la ciudad. Ahí contaron todo lo sucedido y también lo referente a los endemoniados. ³⁴Entonces todos los habitantes vinieron al encuentro de Jesús y le rogaron que se fuera de su territorio.

Jesús sana al paralítico

9 ¹Jesús subió a la barca y se fue por mar a su ciudad. ²Allí le llevaron a un paralítico, tendido en una camilla. Al ver Jesús la fe de ellos, dijo al paralítico: "Hijo, ten confianza. Tus pecados te quedan perdonados".

³Entonces algunos de los maestros de la Ley pensaron: "¡Qué manera de burlarse de Dios!" ⁴Jesús, que veía sus pensamientos, dijo: "¿Por qué piensan mal? ⁵¿Qué es más fácil decir: Te perdono tus pecados, o: Levántate y anda? ⁶Sepan entonces que el Hijo del Hombre tiene poder sobre la tierra para perdonar los pecados". Y dijo al paralítico: "Levántate, toma tu camilla y vete a tu casa". ⁷Y el paralítico se levantó y se fue a su casa. ⁸La gente quedó muy impresionada y reconoció la grandeza de Dios que había dado tanto poder a los hombres.

Jesús llama al Apóstol Mateo

⁹Jesús, al irse de ahí, vio a un hombre llamado Mateo, en su puesto de cobrador de impuestos, y le dijo: "Sígueme". Mateo se levantó y lo siguió.

28; 5:1-20). Los endemoniados desaparecen de la escena para dejar lugar a los demonios que se dirigen a Jesús como Hijo de Dios; le piden meterse en los cerdos (animales impuros para los judíos); su "oración" es atendida (vv. 31-32). El enfoque de Mateo recae sobre el diálogo entre Jesús y los demonios y su prueba de poder sobre ellos.

9:1-8 Poder sobre el pecado (cf. Mc 2:1-12; Lc 5:17-26). El relato de Mateo de la curación del paralítico y del perdón de los pecados omite la descripción de la multitud de Marcos y la dificultad que encuentran los amigos del enfermo para acercarlo a Jesús. Con esto Mateo mantiene el enfoque sobre el perdón de los pecados. Se hace notar la fe de los amigos (v. 2), y la conversación de Jesús con los escribas sirve para mostrar su poder para perdonar pecados y para sanar. La misma sanación (vv. 6-7) es presentada como prueba visible del poder del Hijo del Hombre para hacer maravillas hasta en el campo de lo espiritual invisible (el perdón de los pecados). La afirmación del versículo 8 de que la gente dio gloria a Dios por haber dado tal poder a los hombres sugiere que en la comunidad de Mateo la autoridad de Jesús para perdonar los pecados se creía había sido transmitida a los miembros de la Iglesia (cf. 18:15-20).

9:9-17 La defensa de los discípulos (cf. Mc 2:13-22; Lc 5:27-39). La sección que separa la segunda y la tercera tresena de acciones poderosas

¹⁰Luego, Jesús estuvo en una comida en casa de Mateo. Se presentaron buen número de cobradores de impuestos y otra gente pecadora, y se sentaron a la mesa con Jesús y sus discípulos. ¹¹Los fariseos, al ver esto, decían a los discípulos: "¿Por qué su Maestro come con publicanos y pecadores?"

¹²Pero Jesús los oyó y dijo: "Los sanos no necesitan médico, sino los enfermos. ¹³Aprendan lo que significa esa palabra de Dios: *Yo no les pido ofrendas, sino que tengan compasión.* Pues no vine a llamar a hombres perfectos sino a pecadores.

¹⁴En ese momento se le acercaron algunos discípulos de Juan y le preguntaron: "¿Por qué nosotros y los fariseos ayunamos a menudo y tus discípulos no ayunan?"

¹⁵Jesús les contestó: "¿Sería bueno que los compañeros del novio anden tristes cuando el novio está con ellos? Vendrán días en que el novio les será quitado; entonces ayunarán.

¹⁶Nadie remienda ropa vieja con un pedazo de género nuevo, porque el pedazo nuevo agrandaría la rotura. ¹⁷Ni nadie echa vino nuevo en vasijas viejas, porque si lo hacen, se rompen las vasijas, el vino se desparrama y las vasijas se pierden. El vino nuevo se echa en vasijas nuevas, y así se conservan el vino y las vasijas".

(8:23–9:8, 9:18-34) comienza con la vocación de Mateo, el recaudador de impuestos (9:9). En Marcos 2:14 y Lucas 5:27, se llama "Levi". Su nombre pudo haber sido cambiado en nuestro evangelio para convertirlo en uno de los Doce (cf. 10:3) o porque la comunidad en la que se escribió este evangelio tenía un apego especial al apóstol Mateo. No hay razón para suponer que el recaudador de impuestos que se hizo apóstol tuviera dos nombres. Los recaudadores de impuestos eran sospechosos para los judíos piadosos por su asociación con Roma y porque solían exigir más de lo debido. El que Jesús acepte a semejante personaje como discípulo abre el camino para la aceptación de toda clase de personas en la Iglesia.

La costumbre de Jesús de comer con recaudadores de impuestos (v. 9) y pecadores (vv. 1-8) escandalizaba a los fariseos para quienes la pureza ritual y la compañía en las mesas eran parte de la observancia religiosa. Preguntan a los discípulos porqué hace Jesús eso. En los versículos 12-13, Jesús mismo les da tres razones:

1) Los enfermos espirituales le necesitan más; 2) el profeta Oseas da testimonio de la grandeza de la misericordia de Dios; 3) Jesús ha venido a llamar a los pecadores a convertirse de corazón. Luego, en el versículo 14, los discípulos de Juan Bautista, para quienes las prácticas ascéticas como el ayuno serían importantes, preguntan porqué los discípulos de Jesús no ayunan. Se les dice que el tiempo de Jesús, del novio, no es apropiado para ayunar (v. 15); cuando les sea quitado, entonces ayunarán. La novedad radical de Jesús y la incompatibilidad de su mensaje con las viejas formas de piedad resaltan en los versículos 16-17 con las imágenes de la nueva tela y el vino nuevo.

40

Jesús resucita a la hija de un jefe

18Mientras Jesús hablaba, llegó un jefe de los judíos, se postró delante de Jesús y le dijo: "Mi hija acaba de morir, pero ven a mi casa, impónle la mano y vivirá". **19**Jesús se levantó y lo siguió en compañía de sus discípulos.

20Mientras iba, una mujer que padecía desde hacía doce años de una hemorragia, se acercó por detrás y tocó el fleco de su manto. **21**Pues ella pensaba: "Con sólo tocar su mano sanaré". **22**Jesús se dio vuelta y, al verla, le dijo: "Animo, hija; tu fe te ha salvado". Y la mujer quedó sana en ese mismo momento.

23Jesús, al llegar a la casa del jefe, encontró a los flautistas que tocaban música fúnebre y toda la gente alborotada. **24**Les dijo: "Váyanse, porque la niña está dormida y no muerta". Ellos se burlaron de Jesús; **25**sin embargo, cuando los echaron fuera, él entró, tomó a la niña por la mano, y la niña se levantó. **26**Esta noticia corrió por todo el lugar.

27Dos ciegos siguieron a Jesús cuando se retiraba de ahí. Le gritaban: "¡Hijo de David, ten compasión de nosotros!" **28**Cuando Jesús estuvo en su casa, los ciegos lo fueron a buscar y Jesús les preguntó: "¿Creen que yo puedo sanarlos?" Contestaron: "Sí, Señor". **29**Entonces Jesús les tocó los ojos, diciendo: "Reciban ustedes lo que han creído". Y vieron. **30**Después les ordenó severamente: "Que nadie lo sepa". **31**Sin embargo, ellos, en cuanto salieron, lo publicaron por todas partes. **32**Cuando se iban los ciegos, le trajeron un endemoniado mudo. **33**Jesús

9:18-26 Poder sobre la muerte (cf. Mc 5:21-43; Lc 8:40-56). El tercer ciclo de acciones poderosas de Jesús (9:18-34) revela su poder sobre la muerte, la enfermedad crónica, la ceguera y la mudez. Las narraciones de la resurrección de la hija del jefe de la sinagoga y curación de la mujer con el flujo de sangre ya se encontraban unidas en Marcos 5:21-43. En los versículos 18-26, Mateo ha simplificado la narración de Marcos para que el tema de la fe resalte todavía más. Según el versículo 18, el jefe de la sinagoga sabía ya que su hija había muerto, pero creía que Jesús podía devolverle la vida. La manera de contar como la niña vuelve a la vida en el versículo 25 ("se levantó") relaciona este milagro con la resurrección de Jesús. En los versículos 20-22 se omiten los detalles que no hacen referencia a la fe en el poder de Jesús. Las palabras que se traducen por "curarse" y "recobrar la salud" son parte del vocabulario de la salvación en el nuevo testamento.

9:27-31 Poder sobre la ceguera. El segundo incidente del tercer ciclo probablemente quería combinar dos historias que se encuentran en Marcos 8:22-26 y 10:46-52 (cf. Mt 20:29-34). La narración de Mateo gira en torno a la plegaria de Jesús en el versículo 28 ("¿Creen que yo puedo sanarlos?") y a la respuesta afirmativa de los dos ciegos. Son curados por su fe (v. 29).

9:32-34 Poder sobre la mudez. La tercera sección cuenta brevemente la curación de un mudo y contrasta las dos reacciones ante el milagro:

echó al demonio, y el mudo habló. La gente quedó maravillada, y todos decían: "Nunca se ha visto algo parecido en nuestro país". ³⁴En cambio, los fariseos comentaban: "Este echa los demonios con la ayuda del rey de los demonios".

³⁵Jesús recorría todas las ciudades y los pueblos. Enseñaba en las sinagogas, proclamaba la Buena Nueva del Reino y sanaba todas las enfermedades y dolencias. ³⁶Viendo el gentío, se compadeció porque estaban cansados y decaídos, como ovejas sin pastor. ³⁷Dijo entonces a sus discípulos: "La cosecha es grande, y son pocos los obreros. ³⁸Por eso rueguen al dueño de la cosecha que mande obreros para hacer su cosecha".

Los doce apóstoles

10 ¹Jesús, pues, llamó a sus doce discípulos y le dio poder para expulsar a los demonios y para curar toda clase de enfermedades y dolencias.

²Estos son los nombres de los doce apóstoles: primero, Simón, llamado Pedro, y Andrés, su hermano; Santiago

la admiración de la gente ante tal acción sin precedentes, y la atribución por parte de los fariseos de poderes satánicos a Jesús. Todo el tercer ciclo trata de la necesidad de la fe en el poder de Jesús y concluye diciendo que había gente que podía ver los milagros y negarse a creer que Jesús era el enviado de Dios.

9:35-38 La misión de los discípulos. El bloque final del material sobre el discipulado comienza repitiendo la descripción del ministerio de Jesús que apareció en 4:23. La idea de que el discipulado incluye una misión se propone con dos imágenes: la gente es como rebaño sin pastor y como un campo que necesita trabajadores para cosecharlo. Dios es el pastor y el dueño de las mies, pero necesita la cooperación de los que aceptan la invitación de Jesús al discipulado. Las tres secciones sobre el discipulado en los capítulos 8-9 subrayan las exigencias radicales que puede incluir (8:18-22) el hecho de que cualquiera puede ser llamado y la novedad radical que ofrece (9:9-17), junto con su dimensión misionera.

V. EL SERMON MISIONERO

Mt 10:1-42

La idea de que el discipulado incluye una misión prepara el escenario para el segundo gran discurso de Jesús—el llamado sermón misionero del capítulo 10. Las enseñanzas de este sermón han sido tomadas en varias fuentes de la tradición y han sido entretejidas por el evangelista en una larga instrucción sobre cómo deben obrar los discípulos de Jesús (10:5-15) y lo que deben esperar (10:16-42). El tema básico lo declaran los versículos 10:24-25: "El discípulo no es más que su maestro, ni el sirviente es más que su patrón. Es ya bastante que el discípulo sea como su maes-

y Juan, hijos de Zebedeo; ³Felipe y Bartolomé; Tomás y Mateo, el publicano; Santiago, hijo de Alfeo; Tadeo; ⁴Simón, el cananeo, y Judas Iscariote, que fue el que lo traicionó.

Jesús envía a los primeros misioneros

⁵Estos son los Doce que Jesús envió con las instrucciones siguientes: ''No vayan a tierras extranjeras ni entren en ciudades de los samaritanos, ⁶sino que primero vayan en busca de las ovejas perdidas del pueblo de Israel.

⁷Mientras vayan caminando, proclamen que el Reino de Dios se ha acer-

cado. ⁸Sanen enfermos, resuciten muertos, limpien leprosos, echen demonios. Den gratuitamente, puesto que recibieron gratuitamente. ⁹No traten de llevar ni oro, ni plata, ni monedas de cobre, ¹⁰ni provisiones para el viaje. No tomen más ropa de la que llevan puesta; ni bastón ni sandalias. Porque el que trabaja tiene derecho a comer.

¹¹En todo pueblo o aldea en que entren, vean de qué familia hablan en bien y quédense ahí hasta el momento de partir.

¹²Al entrar en la casa, pidan la bendición de Dios para ella. ¹³Si esta familia

tro y el sirviente como su patrón''. Así como los discípulos comparten el poder de Jesús, también compartirán su modo de vida y sus sufrimientos.

10:1-5a Introducción (cf. Mc 3:13-19; Lc 6:12-16). Después de mostrar sus grandes poderes como sanador en los capítulos 8-9, Jesús en 10:1 entrega a sus discípulos la autoridad sobre los demonios y las enfermedades que había recibido del Padre. En su lista de los Doce (cf. Mc 3:16-19; Lc 6:13-16; Hch 1:13), Mateo afirma el primado de Simón Pedro (''primero a Simón'') e identifica a Mateo como el recaudador de impuestos de 9:9. La única discordancia notable entre las varias listas de los apóstoles es sobre Tadeo quien en Lucas 6:16 y en Hechos 1:13 es llamado Judas el hijo de Santiago y en algunos manuscritos de Mateo y Marcos es llamado Lebeo.

10:5b-15 Instrucciones a los discípulos. (cf. Mc 6:7-13; Lc 9:1-6). La misión de los discípulos se limita a Israel (vv. 5b-6), y han de evitar entrar en ciudades paganas y samaritanas (cuyo judaísmo era sospechoso para los de Judea y Galilea). Solamente después de la muerte y resurrección de Jesús comenzará la misión entre los otros grupos (cf. 28:19). La misión de los discípulos (vv. 7-8) repite y amplía la misión de Jesús predicando la venida del Reino de Dios y curando enfermos (cf. 4:23). El discipulado que les ha sido confiado como un don lo deberán dar regalado a los demás.

En tiempo de Jesús circulaban muchos predicadores de filosofías y religiones. Los discípulos de Jesús no deben preocuparse por el dinero, bagaje, y el alojamiento; deberán depender de la caridad de sus oyentes (vv. 9-13). Su falta de interés en el dinero, vestido, y alojamiento les permite cumplir su misión sin distracciones. También es testimonio de su

merece la paz, la recibirá; y si no la merece, la bendición volverá a ustedes.

[14]Donde no los reciban, ni los escuchen, salgan de esa familia o de esa ciudad, sacudiendo el polvo de los pies. [15]Yo les aseguro que esa ciudad, en el día del Juicio, será tratada con mayor rigor que Sodoma y Gomorra. [16]Fíjense que los envío como ovejas en medio de lobos. Por eso tienen que ser astutos como serpientes y sencillos como palomas.

Los testigos de Jesús serán perseguidos

[17]Cuídense de los hombres: a ustedes los arrastrarán ante las autoridades, y los azotarán en las sinagogas. [18]Por mi causa, ustedes serán llevados ante los gobernantes y los reyes, teniendo así la oportunidad de dar testimonio de mí ante ellos y los paganos.

[19]Cuando los juzguen, no se preocupen por lo que van a decir ni cómo tendrán que hacerlo; en esa misma hora se les dará lo que van a decir. [20]Pues no van a ser ustedes lo que hablarán, sino el Espíritu de su Padre el que hablará por ustedes.

[21]Entonces, un hermano denunciará a su hermano para que lo maten, y el padre a su hijo, y los hijos se sublevarán contra sus padres y los matarán. [22]A causa de mi Nombre, ustedes serán odiados por todos; pero el que se mantenga firme hasta el fin se salvará.

[23]Cuando los persigan en una ciudad, huyan a otra. Créanme que no termi-

confianza en Dios y de su convicción de que lo que se recibió gratis debe darse gratis. Cuando los predicadores sean rechazados en un lugar (vv. 14-15), deberán responder simbólicamente y sin violencia ("sacudiendo el polvo de los pies"). Deberán permanecer fieles a su misión y confiar que Dios lo juzagará todo el último día. Según Génesis 19, Sodoma y Gomorra fueron ejemplos de malicia extrema especialmente por su falta de hospitalidad.

10:16-25 Hostilidad (cf. Mc 13:9-13; Lc 21:12-17). Lo restante del sermón misionero anuncia lo que los discípulos deben esperar. Recibirán los mismos tratos que Jesús. Lejos de prometer una misión sin conflictos ni oposiciones, Jesús prepara a sus discípulos para la hostilidad. Son enviados sin defensas ("ovejas") entre los enemigos ("lobos"), por lo que tendrán que ser astutos a la vez que sencillos (v. 16). Cuando sean juzgados y castigados (vv. 17-18) por los líderes religiosos judíos ("sus sinagogas") y por los oficiales romanos ("gobernantes y reyes"), compartirán la pasión de Jesús (cf. 26:57-68; 27:11-26). Entre las cosas terribles que les esperan están la ansiedad relacionada con el hablar en un juicio público (v. 19), las divisiones entre las familias con sus traiciones (v. 21), los odios (v. 22), y las persecuciones (v. 23). Estos males se vencerán con la confianza en el Espíritu Santo (v. 20) y en su última justificación cuando llegue el Reino de Dios (v. 22).

En el versículo 23b las "ciudades de Israel" se refiere a las regiones judías de Palestina, y "antes de que venga el Hijo del Hombre" alude a la llegada del Reino de Dios. En la perspectiva de Mateo, la venida del

narán de recorrer todas las ciudades de Israel antes de que venga el Hijo del Hombre.

²⁴El discípulo no es más que su maestro, ni el sirviente es más que su patrón. ²⁵Es ya bastante que el discípulo sea como su maestro y el sirviente como su patrón. Si al dueño de la casa lo han llamado demonio, ¡qué no dirán de su familia! ²⁶Pero no los teman por eso. No hay cosa oculta que no venga a descubrirse, ni hay secreto que no llegue a saberse. ²⁷Así, pues, lo que les digo a oscuras, repítanlo a la luz del día, y lo que les digo al oído, grítenlo desde los techos.

²⁸No teman a los que sólo pueden matar el cuerpo, pero no el alma; teman más bien al que puede echar el alma y el cuerpo al infierno. ²⁹¿Cuánto valen dos pajaritos? Algunos centavos, ¿no es cierto? Y, sin embargo, no cae a tierra ni uno solo, si no lo permite el Padre. ³⁰Entonces no teman, pues hasta los cabellos de sus cabezas están contados: ³¹con todo, ustedes valen más que los pajaritos.

³²Al que me reconozca delante de los hombres, yo lo reconoceré delante de mi Padre que está en los Cielos. ³³Y al que me niegue delante de los hombres, yo también lo negaré delante de mi Padre que está en los Cielos.

³⁴No piensen que vine a traer la paz a la tierra; no vine a traer la paz, sino la espada. ³⁵Vine a poner al hijo en contra de su padre; a la hija, en contra de su madre, y a la nuera, en contra de

Hijo del Hombre comenzó con la muerte y resurrección de Jesús, y concluirá al final de los tiempos. La misión a Israel (10:5b-6) ocupará a los discípulos hasta que reciban otra misión más amplia (28:19) que durará hasta el fin del mundo: Los versículos 24-25 hacen un resumen de los temas del discurso y establece la conexión entre el trato que Jesús recibió de los incrédulos y el que los discípulos deben esperar.

10:26-33 ¡No Teman! (cf. Lc 12:2-9). Los versículos 26-33 sirven para animar a los discípulos a una confesión valiente de cara a la oposición. Cada enseñanza se introduce con las palabras "No teman" (vv. 26, 28, 31) y combate los temores que pueden inclinar a los discípulos a abandonar su misión. La primera enseñanza (vv. 26-27) apela a la inevitabilidad de la venida del Reino de Dios según lo atestigua Jesús. Entonces se descubrirá la hipocresía de los que se oponen a los discípulos. La segunda enseñanza (vv. 28-30) apela al cuidado del Padre por los discípulos de Jesús. Sus enemigos pueden destruir el cuerpo pero no el espíritu. La tercera enseñanza (vv. 31-33) apela al juicio final de Dios que se basará en la fidelidad de los discípulos de Jesús durante los conflictos que son parte de su misión.

10:34-39 Conflictos en la familia (cf. Lc 12:51-53; 14:26-27). Jesús no garantiza la ausencia de conflictos. En la sociedad judía de su tiempo, los lazos de familia eran mucho más fuertes que los de la sociedad occidental de hoy. Pero la fidelidad a Jesús puede resultar hasta en la ruptura de estos lazos. El texto no ataca los lazos familiares en sí, pero insiste en que los discípulos deben a Jesús mayor lealtad que la debida a los

su suegra. ³⁶Cada cual encontrará enemigos en su propia familia.

³⁷No es digno de mí el que ama a su padre o a su madre más que a mí; no es digno de mí el que ama a su hijo o a su hija más que a mí. ³⁸No es digno de mí el que no toma su cruz para seguirme. ³⁹El que procure salvar su vida la perderá, y el que sacrifique su vida por mí, la hallará.

⁴⁰El que los recibe a ustedes, a mí me recibe, y el que me recibe a mí, recibe al que me envió. El que recibe a un profeta porque es profeta, recibirá recompensa digna de un profeta. ⁴¹El que recibe a un hombre bueno por ser bueno, recibirá la recompensa que corresponde a un hombre bueno.

⁴²Lo mismo, el que dé un vaso de agua fresca a uno de los míos, porque es discípulo mío, yo les aseguro que no quedará sin recompensa''.

La misión de Juan y la de Jesús

11 ¹Cuando Jesús terminó de instruir a sus doce apóstoles, se fue de ahí a predicar y a enseñar en las ciudades judías.

²Juan se enteró en la cárcel de lo que hacía Cristo; por eso envió a sus discípulos ³a preguntarle: ''¿Eres tú el que

miembros de sus familias. En casos extremos, al tener que escoger entre Jesús y la familia, Jesús exige lealtad total a él. La enseñanza sobre la cruz (v. 38) y el perder la vida (v. 39) anticipa el destino de Jesús y continúa el tema de la identificación de los discípulos con Jesús.

10:40-41 Recibir a los discípulos de Jesús (cf. Mc 9:41). La sección conclusiva del sermón misionero repite el tema básico del discurso. Los discípulos representan a Jesús. El recibirlos es el recibir, no sólo a Jesús, sino también al Padre (v. 40). Premios apropiados se darán a los que reciban a los profetas cristianos, a las personas santas, y hasta a los simples cristianos, porque todos representan a Cristo y a su Padre celestial.

VI. LA IMPORTANCIA DE JESUS Y SU RECHAZO

Mt 11:1–12:50

El sermón misionero acaba en 11:1 sin que se diga nada sobre la realización de la misión de los discípulos ni su regreso. El enfoque permanece sobre Jesús que continúa su obra. Los temas de la incredulidad y el rechazo que eran tan importantes en el sermón misionero son desarrollados en los capítulos 11-12 y se nos da información más detallada sobre la identidad de Jesús como Mesías (11:1-6), la Sabiduría de Dios (11:25-30), y el Siervo de Dios (12:15-21).

11:1-6 Jesús como ''el que ha de venir'' (cf. Lc 7:18-23). La prisión de Juan se mencionó en 4:12. La pregunta de 11:3 sobre Jesús trata de su identidad como ''el que ha de venir'', que parece haber sido un título mesiánico (cf. 3:11; 21:9; 23:39) derivado del salmo 118:26 y de Malaquías

ha de venir, o tenemos que esperar a otro?'' ⁴Jesús les contestó: ''Vayan y cuéntenle a Juan lo que han visto y oído: ⁵los ciegos ven, los cojos andan, los leprosos quedan sanos, los sordos oyen, los muertos resucitan, y una buena nueva llega a los pobres. ⁶Y, además ¡feliz el que me encuentra y no se confunde conmigo!''

⁷Una vez que se fueron los discípulos de Juan, Jesús comenzó a hablar de él a la gente: ''¿Qué fueron a ver ustedes al desierto? ¿Una caña agitada por el viento? ⁸¿Qué fueron a ver? ¿A un hombre vestido elegantemente? Pero los elegantes viven en palacios. ⁹Entonces, ¿qué fueron a ver?, ¿A un profeta? Eso sí. Yo les aseguro que Juan es más que un profeta. ¹⁰Porque se refiere a Juan esta palabra de Dios: *Mira que Yo envío a mi mensajero delante de ti para que te prepare el camino.*

¹¹Yo les aseguro que no se ha presentado entre los hombres profeta más grande que Juan Bautista. Sin embargo, el más pequeño en el Reino de los Cielos es más que él. ¹²Desde que vino Juan Bautista hasta ahora, el Reino de Dios se alcanza a la fuerza y solamente los esforzados entran en él. ¹³Con Juan Bautista finalizaron los tiempos de la Ley y de los profetas, tiempos de la profecía y de la espera. ¹⁴Entiendan esto, si pueden: Elías había de volver, ¿no es cierto? Este ha sido Juan. ¹⁵El que tenga oídos, que entienda.

3:1. La respuesta de Jesús a Juan revela su identidad mesiánica al enumerar las acciones del Mesías en términos de Isaías 35:5-6 y 61:1. Estas acciones se han descrito en los capítulos 8-9, y la lista culmina con la mención de la predicación del evangelio a los pobres (v. 5). La última enseñanza (v. 6) declara ''bienaventurados'' (cf. 5:3-12) a los que no se escandalizan o tropiezan en Jesús. Aunque esta bienaventuranza puede indicar reservas de Juan sobre Jesús, probablemente sirve para preparar los incidentes que siguen en los que la gente se escandaliza de Jesús.

11:7-15 Juan Bautista y Elías (cf. Lc 7:24-30). La partida de los mensajeros de Juan ofrece la ocasión para que Jesús hable sobre la identidad de Juan y el significado de su rechazo. Juan había predicado y bautizado en el desierto de Judea viviendo de modo muy diferente al de los cortesanos de Herodes Antipas. Herodes había encarcelado a Juan porque le reprochaba la propiedad de su matrimonio con Herodías (cf. 14:1-12). En los versículos 9-10 y 13 Jesús identifica a Juan como profeta, pero va más allá al proclamar que Juan cumple lo anunciado por Malaquías 3:1 (cf. Ex 23:20) el profeta que precede a la llegada del Reino de Dios. Esta identificación se hace más explícita en el versículo 14 donde a Juan se le llama Elías. Según Malaquías 4:5, Dios iba a enviar al profeta Elías desde el cielo antes del día grande y terrible de la venida del Señor. A pesar de toda su grandeza, Juan todavía no ha inaugurado la era decisiva que va a ser la venida del Reino de Dios (v. 11). Sin embargo, la prisión de Juan constituye un ataque violento contra el Reino que viene (v. 12), un ataque que se repetirá contra Jesús. Los que se oponen a la predicación de Juan y Jesús sobre el Reino, se oponen al Reino mismo.

¹⁶¿Con quién puedo comparar a la gente de hoy? Son como niños sentados en la plaza que se quejan unos de otros: ¹⁷Les tocamos la flauta y ustedes no bailaron; les cantamos canciones tristes y no trataron de llorar. ¹⁸Así pasó con Juan, que no comía, ni bebía, y dijeron: ¹⁹Está endemoniado. Luego viene el Hijo del Hombre, que come y bebe, y dicen: Es un comilón y un borracho, amigo de la gentuza y de los pecadores. Pero, con todo, aquel que es *Sabiduría de Dios* ha sido reconocido por sus obras''.

²⁰Entonces comenzó a reprender a las ciudades en donde sus milagros habían sido más numerosos, y que, sin embargo, no se habían arrepentido.

²¹''¡Ay de ti, Corozaín! ¡Ay de ti, Betsaida!; porque si en Tiro y en Sidón se hubieran realizado los milagros que yo hice en ti, seguramente habrían hecho penitencia, vestidos de sacos y cubiertos de ceniza. ²²Por eso, Tiro y Sidón serán tratadas con menos rigor en el día del Juicio. ²³Y tú, Cafarnaún, ¿pretendes llegar hasta las nubes? Serás hundida en el infierno. Porque si los milagros que se han realizado en ti se hubieran hecho en Sodoma, todavía existiría Sodoma. ²⁴Por eso les digo que la región de Sodoma, en el día del Juicio, será tratada con menos rigor''.

Carguen con mi yugo

²⁵Por aquel tiempo exclamó Jesús: ''Yo te alabo, Padre, Señor del Cielo y de la tierra, porque has mantenido ocultas estas cosas a los sabios y prudentes

11:16-19 Juan y Jesús rechazados (cf. Lc 7:31-35). El austero y ascético Juan fue rechazado bajo pretexto de que tenía un demonio (v. 18); el alegre y abierto Jesús es rechazado porque va con malas compañías (v. 19). A pesar del rechazo de los que se consideran sabios, la Sabiduría divina va a triunfar afirmando la conducta de Juan y de Jesús. El comienzo de la sección (vv. 16-17) compara a los ingenuos con niños que no quieren jugar ni el juego alegre de Jesús ni el juego triste de Juan.

11:20-24 Advertencias contra las ciudades de Galilea (cf. Lc 10:12-15). Las ciudades de Galilea en las que Jesús había hecho sus milagros reciben una servera advertencia. Se dan dos avisos. Cada uno contiene un juicio (''Ay''), una explicación y comparación, y una predicción del juicio final. Primeramente, Corozaín y Betsaida son amenazadas con un ''ay'' porque no se han arrepentido en respuesta a las acciones de Jesús. Su condenación será peor que la de las ciudades paganas de Tiro y Sidón (vv. 21-22). Luego, se amenaza a Cafarnaún (vv. 23-24), y su ilusión de grandeza se compara a la del rey de Babilonia en el texto de Isaías 14:13-15. Cafarnaún también se había negando a responder apropiadamente a las acciones de Jesús por lo que su destino será peor que el de Sodoma, la ciudad maldita (cf. Gen 19:24-28). Los dos dichos sobre el juicio proclaman la importancia de Jesús en la historia humana.

11:25-30 Jesús es la Sabiduría de Dios (cf. Lc 10:21-22). Los temas que la importancia decisiva de Jesús y de su rechazo se unen en los versículos 25-30. Mateo ha juntado materiales tradicionales de acuerdo al

y las revelaste a la gente sencilla. Sí, Padre, así te pareció bien. [26]Mi Padre puso todas las cosas en mis manos. [27]Nadie conoce al Hijo, sino el Padre, ni nadie conoce al Padre sino el Hijo y aquellos a los que el Hijo quiere dárselo a conocer. [28]Vengan a mí los que se sienten cargados y agobiados, porque yo los aliviaré. [29]Carguen con mi yugo y aprendan de mí que soy paciente de corazón y humilde, y sus almas encontrarán alivio. [30]Pues mi yugo es bueno, y mi carga liviana".

Referente al sábado

12 [1]En una ocasión pasó Jesús en día sábado por unos trigales. Sus discípulos, que tenían hambre, comenzaron a sacar espigas y comerse los granos. [2]Al verlos, unos fariseos le dijeron: "Tus discípulos hacen lo que está prohibido hacer en día sábado".

[3]Jesús les contestó: "¿No han leído lo que hicieron David y sus compañeros cuando estaban muertos de hambre? [4]Pues, que entró a la casa de Dios y comieron los panes sagrados, que ni él ni sus compañeros podían comer, sino

siguiente esquema: alabanza del Padre (vv. 25-26), identidad de Jesús (v. 27), invitación a venir a él (vv. 28-30). Comenzando con fórmulas de oración típicas del judaísmo, Jesús alaba al Padre por revelar a los sencillos y sin educación, a los que más fácilmente aceptaban a Jesús, lo que ha quedado oculto a los sabios y expertos en religión. Luego, en el versículo 27, Jesús afirma que el Padre se le ha revelado a él tanto como un padre se revela a su hijo. La relación entre Dios y Jesús es tan estrecha que sólo se le puede comparar a la de un padre con su hijo. Por ello, sólo Jesús puede comunicar a otros el verdadero conocimiento de Dios. El lenguaje del versículo 27 es semejante al de muchos textos del Evangelio de Juan (cf. Jn 3:35; 7:29; 10:14-15; 17:1-3).

En los versículos 28:30, Jesús explicita su invitación al apostolado en términos usados por Jesús ben Sirach en Eclesiástico 51:23-27. Usando la imagen tradicional de la ley como un "yugo", Jesús, el intérprete autorizado de la ley (cf. 5:21-48), promete refrigerio y descanso en su escuela de sabiduría. Todos los auténticos buscadores de sabiduría están invitados a ir a Jesús. La misma sabiduría de Dios habita en Jesús y puede ser aprendida de él.

12:1-8 Obrar en Sábado (cf. Mc 2:23-28; Lc 6:1-6). La posición de Jesús como maestro autoriazdo de la ley aparece en el incidente de los discípulos arrancando espigas y comiendo el grano en sábado. La acción de los discípulos podía equivaler a cosechar en sábado y por lo tanto era trabajo prohibido (cf. Ex 20:8-11; Deut 5:12-15). Los fariseos que aparecen como líderes de la oposición contraria a Jesús y a sus seguidores en la mayor parte del Evangelio protestan contra esta acción ilegal.

Jesus les da cuatro respuestas: 1) La acción de los discípulos se compara con la de David y sus seguidores en 1 Samuel 21:1-6. En ambos casos un mandamiento fue violado por la necesidad de satisfacer el

solamente los sacerdotes. ⁵¿No han leído en la Ley que los sacerdotes trabajan los sábados en el Templo y no por eso pecan?

⁶Y, además, se lo digo, aquí está uno que es más grande que el Templo. ⁷Y si ustedes entendieran claramente lo que significa: *Yo no les pido ofrendas, sino que tengan compasión*, no habrían condenado a estos inocentes.

⁸Además, el Hijo del Hombre tiene autoridad sobre el sábado''.

⁹Saliendo de ese lugar, Jesús llegó a una sinagoga de los judíos. ¹⁰Allí estaba un hombre que tenía una mano paralizada. Los fariseos le preguntaron: ''¿Está permitido hacer curaciones en día sábado?'' Esperaban una respuesta para poder acusarlo.

¹¹Jesús dijo: ''Supongan que alguno de ustedes tenga una sola oveja. Si se le cae a un barranco en día sábado, ¿no irá a sacarla? ¹²¿Y no vale mucho más un hombre que una oveja? Por lo tanto,

hambre física. Mateo ha omitido el nombre del jefe de los sacerdotes, Abiatar, de Marcos 2:26, quizás porque, de hecho, el jefe de los sacerdotes en la narración del antiguo testamento era Ajimelec; los discípulos del Hijo de David tenía un buen precedente en el mismo David. 2) En los versículos 5-6 Mateo cita un argumento que no se encuentra en la narración de Marcos. A los sacerdotes les está permitido trabajar en el Templo de Jerusalén los sábados porque se supone que las leyes del Templo tienen precedencia sobre la ley del sábado. Quizás aquí se implica que Jesús es mayor que el Templo. 3) La cita de Oseas 6:6 (''Misericordia quiero y no sacrificios'') se usa para criticar la falsa escala de valores de los fariseos. 4) Jesús, en cuanto Hijo del Hombre, tiene autoridad sobre el sábado y tiene mayores derechos que David o los sacerdotes del Templo para ponerse sobre las leyes del antiguo testamento sobre el sábado.

En la comunidad de Mateo, este pasaje serviría de defensa contra críticas judías de los cristianos por su inobservancia del sábado. Los primeros cristianos se fundaban en el ejemplo y la autoridad de Jesús el Hijo del Hombre.

12:9-14 Curación en sábado (cf. Mc 3:1-6; Lc 6:6-11). La cuestión de la observancia del sábado surge en torno al mismo Jesús y toma la forma de un debate. Tiene lugar en ''su sinagoga''—expresión que indica la aguda división entre los fariseos y los seguidores de Jesús. La cuestión trata sobre la propiedad de curar en sábado (v. 10); la respuesta de Jesús incluye una contrapregunta (v. 11) sobre el caso de la ayuda a un animal en sábado (cf. Dt 22:4). Si se puede salvar a un animal, ¿cuánto más no se podrá salvar a una persona (v. 12)?

Como ejemplo de las buenas acciones que hay que hacer en sábado, Jesús cura la mano del hombre en la sinagoga. La narración no considera si la buena acción podía haber esperado hasta después del sábado o si el hombre estaba en peligro de muerte. Del mismo modo que Dios desea

está permitido hacer el bien en día sábado''. ¹³Dijo entonces al enfermo: ''Extiende la mano''. La extendió y le quedó tan sana como la otra. ¹⁴Los fariseos entonces salieron, y se reunieron para ver la manera de acabar con él. ¹⁵Jesús, que lo sabía, se alejó. Muchos lo siguieron, y él los sanó a todos, ¹⁶pero les mandaba que no dijeran quién era. ¹⁷Así debía cumplirse lo que dice el profeta Isaías: ¹⁸*Viene mi siervo, mi elegido; a él le quiero y en él me complazco. Pondré mi Espíritu sobre él, para que anuncie la verdad a las naciones.* ¹⁹*No peleará con nadie ni gritará, ni llenará las plazas del ruido de sus discursos.*

²⁰*No quebrará la caña hecha trizas, ni apagará la mecha que todavía humea, hasta que finalmente haga triunfar la verdad.* ²¹*De él las naciones esperan su salvación.*

El pecado más grave

²²Le trajeron en ese momento un endemoniado ciego y mudo. Jesús lo sanó, de modo que pudo ver y hablar. ²³Con esto, todo el pueblo quedó asombrado y preguntaban: ''¿No será éste el hijo de David?'' ²⁴A lo que respondían los fariseos: ''Este echa los demonios por obra de Beelzebú, rey de los demonios''.

²⁵Jesús sabía lo que estaban pensando, y les dijo: ''Todo reino dividido

la misericordia más que los sacrificios, las acciones buenas superan a las reglas sobre el sábado. En lugar de convencer a los fariseos, las enseñanzas y la acción de Jesús hacen aumentar su oposición hasta tal punto que comienzan a planear su muerte (v. 14).

12:15-21 Jesús es el Siervo de Dios. En medio de la creciente oposición a Jesús de parte de los fariseos, Mateo hace una pausa y coloca la respuesta de Jesús en el contexto del Siervo de Dios del antiguo testamento. Jesús se daba cuenta de la oposición creciente (v. 15), pero continuaba su actividad de sanación evitando la publicidad (vv. 15-16). Su modestia y mansedumbre de cara a la hostilidad son vistas como cumplimiento de Isaías 42:1-4. Al negarse a emplear violencia contra los fariseos y a revelarse abiertamente, Jesús ''no luchó ni gritó''. Hay además otros detalles del texto que son significativos: la identificación de Jesús como el Siervo de Dios (cf. 3:17; 17:5), Jesús especialmente lleno del Espíritu Santo, y su papel en el plan de Dios para salvar a los gentiles. La identificación de Jesús por Mateo como el Siervo de Dios prepara el escenario para el debate con los fariseos sobre el origen de los poderes de Jesús. Su ataque consiste en afirmar que Jesús está en liga con Satánas. Pero los lectores de Mateo saben ya que Jesús es el Siervo de Dios.

12:22-37 El origen de los poderes de Jesús (cf. Mc 3:19-30; Lc 11:14-23; 12:10; 6:43-45). La curación de un endemoniado que era ciego y mudo de la oportunidad para explorar el origen de los poderes de Jesús. La curación (v. 22) produce dos reacciones: admiración de la gente que se pregunta si Jesús es el Hijo de David o Mesías, y hostilidad de los fariseos que están convencidos de que Jesús es un instrumento de Satanás (v. 24).

en dos bandos está perdido, y toda ciudad o familia dividida se viene abajo. ²⁶Si fuera Satanás el que echa a Satanás, se haría la guerra a sí mismo; por tanto, ¿cómo podría durar su poder? ²⁷Y si yo echo los demonios con el poder de Beelzebú, los amigos de ustedes, ¿con qué poder los echan? Ellos apreciarán estos comentarios.

²⁸Pero si yo echo los demonios con el soplo del Espíritu de Dios, comprendan que el Reino de Dios ha llegado a ustedes.

²⁹¿Quién podrá entrar en la casa de un hombre valiente y robarle sus cosas, si primero no lo amarra? Sólo entonces le podrán saquear la casa.

³⁰El que no está conmigo, está contra mí, y el que no recoge conmigo, desparrama.

³¹Por eso yo les digo: Se perdonará a los hombres cualquier pecado y cualquier palabra escandalosa que hayan dicho contra Dios. Pero las calumnias contra el Espíritu Santo no tendrán perdón.

³²El que insulte al Hijo del Hombre podrá ser perdonado; en cambio, el que insulte al Espíritu Santo no será perdonado, ni en este mundo, ni en el otro.

³³Si se planta un árbol bueno, su fruto será bueno; si se planta un árbol malo, su fruto será malo, pues el árbol se conoce por sus frutos.

³⁴Raza de víboras, ¿cómo pueden hablar cosas buenas, siendo malos? Puesto que la boca habla de lo que está lleno el corazón.

³⁵El hombre bueno saca cosas buenas del tesoro que tiene adentro, y el que es malo, de su fondo malo saca cosas malas.

³⁶Yo les digo que en el día del Juicio los hombres tendrán que dar cuenta hasta de las palabras ociosas que hayan dicho. ³⁷Por tus palabras serás declarado

En respuesta a los fariseos, Jesús da tres argumentos: 1) Si su poder sobre los demonios viniera de satanás estaría moviendo a sus agentes unos contra otros, con lo que destruiría su propio Reino (vv. 25-26). 2) Los exorcismos de Jesús tienen que ser vistos como acciones inspiradas por el Espíritu Santo, tal como se veían las acciones de otros exorcistas judíos (vv. 27-28). 3) Jesús no podría echar demonios sin tener algún poder sobre el príncipe de los demonios (v. 29). La frase del versículo 28 que relaciona a Jesús con la venida del Reino de Dios es de gran importancia para entender todos los milagros de Jesús: son señales de que el Reino de Dios está penetrando en el mundo con Jesús, y llegará a su plenitud a su debido tiempo.

Después de responder a las objeciones de los fariseos, Jesús pasa al ataque con tres avisos: 1) El acercarse a Jesús es algo esencial que los fariseos deben reconocer para no hallarse fuera del Reino de Dios cuando llegue (v. 30). 2) El único pecado imperdonable es el atribuir al espíritu malo las acciones del Espíritu Santo, como los fariseos lo estaban haciendo. El no reconocer al Hijo del Hombre por lo que él es se puede entender y hasta perdonar, pero el no reconocer la fuente de su poder no tiene excusas (vv. 31-32). La oposición de los fariseos a Jesús brota de su malicia; el día del juicio serán juzgados por su aceptación o rechazo de Jesús que actúa movido por el Espíritu Santo (vv. 33-37).

justo, y por lo que digas vendrá tu condenación".

Jesús critica a los de su generación

[38]Entonces algunos maestros de la Ley y fariseos le dijeron: "Maestro, queremos que nos hagas un milagro" [39]Pero él contestó: "Esta raza perversa e infiel pide un milagro, pero solamente se le dará el signo del profeta Jonás. [40]Porque, del mismo modo que Jonás *estuvo tres días y tres noches en el vientre del gran pez*, así también el Hijo del Hombre estará tres días y tres noches en el seno de la tierra. [41]En el día del Juicio los habitantes de Nínive se podrán en pie para acusar a toda esa gente, porque cambiaron su conducta con la predicación de Jonás, y aquí hay alguien mucho mejor que Jonás. [42]En el día del Juicio, la reina del Sur se pondrá en pie para acusar a los hombres de hoy, porque ella vino de los confines de la tierra para ver la sabiduría de Salomón, y aquí hay alguien mucho mejor que Salomón.

[43]Cuando el espíritu malo ha salido de algún hombre, anda por sitios desiertos, buscando descanso, sin conseguirlo. [44]Entonces se dice: Volveré a mi casa de donde salí. Volviendo a ella la encuentra desocupada, bien barrida y adornada. [45]Entonces va y trae otros siete espíritus peores que él. Entran y se quedan ahí. De tal modo que la condición de este hombre es peor que antes. Así le va a pasar a esta raza perversa". [46]Estaba todavía hablando con el pueblo, cuando su madre y sus herma-

12:38-42 La señal de Jonás (cf. Lc 11:29-32). A pesar de todos los milagros que ha hecho Jesús, los escribas y fariseos piden más señales. Jesús, exasperado, les promete solamente la señal de Jonás. El significado básico de la señal de Jonás parece ser su predicación de penitencia a los paganos y su aceptación por ellos. Cuando el profeta Jonás predicó la conversión de corazón a los habitantes de Nínive, éstos respondieron a su predicación y se arrepintieron (v. 41). La reina de Sabá vino a Jerusalén a escuchar la sabiduría de Salomón (cf. 1 Re 10:1-6) y se dejó impresionar por él (v. 42). Jesús sobrepasa a Jonás y a Salomón, por lo que los escribas y fariseos tienen buena razón para arrepentirse. En el versículo 40, Mateo ofrece otra intepretación de la señal de Jonás: Los tres días que Jonás pasó en el vientre del pez (cf. Jon 2) eran un anuncio de los tres días entre la muerte y resurrección de Jesús.

12:43-45 El espíritu malo que vuelve (cf. Lc 11:24-26). El pasaje sobre el espíritu malo que vuelve a la persona de la que salío está unido a la señal de Jonás por la referencia a "esta generación malvada" (vv. 39, 45), y a toda la sección que comienza en 12:22 por su interés en los espíritus malos. La actividad de Jesús ha hecho mella en los espíritus malos, pero su poder aún no ha sido vencido. Mateo y su comunidad probablemente veían la destrucción de Jerusalén el año 70 A.D. como cumplimiento de los avisos de Jesús.

12:46-50 La verdadera familia de Jesús (cf. Mc 3:31-35; Lc 8:19-21). El largo tratado sobre la incredulidad y el rechazo de Jesús, que comenzó

nos, que estaban afuera, quisieron hablar con él. ⁴⁷Alguien dijo a Jesús: "Mira, tu madre y tus hermanos están afuera y preguntan por ti".

⁴⁸Pero él respondió: "¿Quién es mi madre y quiénes son mis hermanos?" ⁴⁹E indicando con la mano a sus discípulos, dijo: "Estos son mi madre y mis hermanos. ⁵⁰Porque todo el que cumple la voluntad de mi Padre que está en los Cielos, ése es mi hermano, mi hermana y mi madre".

La comparación del sembrador

13 ¹En ese día, saliendo Jesús de la casa, fue y se sentó a la orilla del lago.

²Pero se juntaron alrededor de él tantas personas que prefirió subir a una barca, donde se sentó mientras toda la gente estaba en la orilla. ³Jesús les habló de muchas cosas mediante comparaciones. Les decía:

"El sembrador ha salido a sembrar; ⁴al ir sembrando, unos granos cayeron

en el sermón misionero del capítulo 10 y continuó en los incidentes de los capítulos 11-12, concluye con la definición de la familia de Jesús compuesta por los que hacen la voluntad de Dios. La narración de Mateo no critica a los parientes de Jesús; sólo sirven de ocasión para afirmar una ves más que los que obedecen a Dios forman la verdadera familia de Jesús. En una sociedad que ponía gran valor sobre los lazos de sangre, la enseñanza de Jesús sobre sus discípulos como familia suya sería bastante sorprendente.

VII. LAS PARABOLAS DEL REINO DE DIOS
Mt 13:1-53

Las parábolas de Jesús sobre el Reino de Dios forman el tercer gran sermón del Evangelio. Una parábola es una comparación o semejanza tomada de la vida de cada día o de la naturaleza. Su vividez, o su rareza, llama la atención de los oyentes y pide más reflexión sobre su significado exacto. El Reino de Dios se refiere a la revelación del poder de Dios y al juicio con el que establecerá su ley sobre toda la creación. Su venida es básicamente tarea de Dios, pero se exige la cooperación de la gente. En la enseñanza de Jesús, el Reino tiene dimensiones presentes y futuras.

13:1-9 La semilla (cf. Mc 4:1-9; Lc 8:4-8). La primera parte del sermón de parábolas (13:1-35) presenta a Jesús sentado en una barca y a la gente escuchando en la orilla del lago (vv. 1-3). La multitud es el objeto de la misión de Jesús y aún parece dispuesta a creer, muy al contrario de los escribas y fariseos. La parábola de la semilla (vv. 4-9) contrapone tres clases de semilla malgastada con la semilla que da fruto. Una semilla se perdió porque cayó en mal suelo: el camino (v. 4), las rocas (v. 5), y las espinas (v. 7). La semilla que cayó en tierra buena produjo una gran cosecha (v. 8). La parábola usa repeticiones para aumentar la tensión interna de la historia, pero, al final, cambia el ritmo y orden para

cerca del camino; vinieron las aves y se los comieron. ⁵Otros granos cayeron entre piedras y, como había poca tierra, brotaron pronto. ⁶Pero, cuando salió el sol, los quemó y, por falta de raíces, se secaron. ⁷Otros granos cayeron entre espinos; crecieron los espinos y los ahogaron. ⁸Otros, finalmente, cayeron en buena tierra y produjeron, unos el ciento, otros el sesenta, y los otros el treinta por uno. ⁹El que tenga oídos, que entienda''.

¹⁰Los discípulos se la acercaron para preguntarle: ''¿Por qué les hablas con parábolas?''.

¹¹Jesús respondió: ''Porque a ustedes se les ha permitido conocer los misterios del Reino de los Cielos, pero a ellos no. ¹²Porque, al que produce se le dará y tendrá en abundancia, pero al que no produce, se le quitará aun lo que tiene. ¹³Por eso les hablo con parábolas, por-

que cuando miran no ven,y cuando oyen, no escuchan ni entienden. ¹⁴Y se verifica en ellos lo que escribió el profeta Isaías:

Oirán, pero no entenderán, y, por más que miren, no verán.

¹⁵*Porque este pueblo ha endurecido su corazón, ha cerrado sus ojos y taponado sus oídos. Con el fin de no ver, ni oír, ni de comprender con el corazón. No quieren convertirse ni que yo los salve.*

¹⁶Al contrario, dichosos ustedes porque ven y oyen. ¹⁷Yo les aseguro que muchos profetas y muchos santos ansiaron ver lo que ustedes ven, y no lo vieron, y oír lo que ustedes oyen, y no lo oyeron.

¹⁸Escuchen ahora la explicación del sembrador:

¹⁹Cuando uno oye la Palabra del Reino, pero no la escucha con atención, viene el Malo y le arranca lo que en-

subrayar más claramente el verdadero mensaje de la historia. Explica porqué la predicación del Reino de Dios por Jesús no ha sido recibida por todos, y anima a los que la han recibido a que continúen produciendo frutos de buenas obras. La semilla que crece en tierra buena producirá frutos abundantes.

13:10-17 Por qué emplea Jesús parábolas (cf. Mc 4:10-12; Lc 8:9-10). El contraste entre la semilla que produce fruto y la semilla que se pierde continúa en la explicación del por qué Jesús emplea parábolas para enseñar. Los discípulos querían saber por qué enseñaba en parábolas cuando podía usar un lenguaje más sencillo y directo (v. 10). En respuesta a su pregunta, Jesús afirma que el don de entenderlas es dado a los discípulos pero no a otros (vv. 11-12), y que los discípulos están dotados de un don especial de escuchar (vv. 16-17). Ya que otros no ven ni escuchan la enseñanza directa sobre el Reino, Jesús se ve obligado a usar el lenguaje misterioso de las parábolas (v. 13). El mal entendimiento de la enseñanza de Jesús se explica en los versículos 14-15 como un cumplimiento de Isaías 6:9-10. Las disposiciones espirituales de los discípulos (la tierra buena) los capacitan para ver y entender, mientras que la demás gente permanece en la incapacidad de ver y entender porque sus disposiciones espirituales no permiten que la semilla dé fruto.

13:18-23 Explicación de la semilla (cf. Mc 4:13-20; Lc 8:11-15). Los oyentes de la parábola de la semilla tenían que ver algunas equivalen-

cuentra sembrado en el corazón: esto es lo sembrado en la orilla del camino.

²⁰Lo sembrado en tierra pedregosa es la persona que al principio oye la Palabra con gusto, ²¹pero no tiene raíces y dura poco. Al sobrevenir las pruebas y la persecución por causa de la Palabra, inmediatamente sucumbe.

²²Lo sembrado entre espinos es la persona que oye la Palabra, pero las preocupaciones materiales y la ceguera propia de la riqueza ahogan la Palabra y no puede producir fruto.

²³Por el contrario, lo sembrado en tierra buena es el hombre que oye la Palabra, la medita y produce fruto: el ciento, el sesenta y el treinta por uno''.

El trigo y la hierba mala

²⁴Les propuso otro ejemplo: ''El Reino de los Cielos es como un hombre que sembró buena semilla en su campo. ²⁵Pero, cuando todos estaban durmiendo, vino su enemigo y sembró maleza en medio del trigo. ²⁶Cuando el trigo estaba echando espigas, apareció

cias: la semilla era la predicación del Reino por Jesús; la buena tierra son las buenas disposiciones; la mala tierra son las disposiciones malas; las semillas con frutos son los discípulos; las semillas que se pierden son los incrédulos. Pero la explicación que se da en los versículos 18-23 va más allá de estas correspondencias tan claras y se fija en la razón por la que la semilla falló o dio fruto. No se sabe si esta interpretación proviene del mismo Jesús o de la iglesia primitiva que la desarrolló.

Según la explicación, las malas tierras son la falta de entendimiento (v. 19), la superficialidad (v. 21), la división dentro de uno mismo (v. 22). Los obstáculos a la fe son ''el Malo'' (v. 19), la tribulación o persecución (v. 21), los cuidados mundanos y el deseo de la riqueza (v. 22). En la tierra buena, por otra parte, el mensaje de Jesús es aceptado y produce fruto sorprendente (v. 23). (No hay que suponer que las diferentes clases de tierras sean simplemente cuatro clases de personas, nosotros siendo los buenos y los demás siendo imperfectos. Es conveniente recordar que todos tenemos en el corazón y en la mente caminos, o que estamos junto al camino, por donde nos pueden llegar toda clase de ideas y doctrinas incorrectas; todos tenemos en el corazón piedras y durezas que debemos ir eliminando para no ser duros con los demás; todos tenemos alguna zarza o espina que se agarra a nosotros y que debemos cortar; también tenemos tierra buena que debemos aumentar continuamente para producir más frutos. Así como el campo sembrado a los pocos meses cambia de aspecto y se pone verde y florido, siendo agradable a la vista, también nosotros como huerto y campo del Señor debemos ir volviéndonos agradables a los demás a medida que su Palabra produce frutos en nosotros. La semilla transforma el campo y lo hace resucitar después del invierno.)

13:24-30 El grano y la cizaña. La parábola del grano y de la cizaña emplea otra imagen de la agricultura para explicar la falta de aceptación universal del mensaje de Jesús. Jesús había sembrado semilla buena, pero

la maleza. ²⁷Entonces los trabajadores fueron a decirle al patrón: "Señor, ¿no sembraste buena semilla en tu campo?; ¿de dónde, pues, viene esta maleza?" ²⁸Respondió el patrón: "Esto es obra de un enemigo". Los obreros le preguntaron: "¿Quieres que la arranquemos?" ²⁹"No, dijo el patrón, no sea que al arrancar la maleza arranquen también el trigo. ³⁰Dejen crecer juntos el trigo y la maleza. Cuando llegue el momento de la cosecha, yo diré a los segadores: Corten primero la maleza y en atados échenla al fuego, y después guarden el trigo en las bodegas".

El grano de mostaza

³¹Jesús les propuso otro ejemplo: "El Reino de los Cielos es semejante al grano de mostaza que un hombre sembró en su campo.

³²Este grano es muy pequeño, pero, cuando crece, es la más grande de las plantas del huerto y llega a hacerse arbusto, de modo que las aves del cielo se posan en sus ramas".

³³Y añadió esta parábola: "El Reino de los Cielos es semejante a la levadura que toma una mujer y la mezcla con tres medidas de harina, hasta que todo fermenta".

³⁴Todo esto lo dijo Jesús al pueblo en parábolas, y no les hablaba sino en parábolas. ³⁵Así se cumplía lo que dijo el Profeta: *Hablaré con parábolas, daré a conocer cosas que estaban ocultas desde la creación del mundo.*

³⁶Jesús entonces despidió a sus oyentes y se fue a casa, rodeado de sus dis-

el maligno ha sembrado una semilla mala que es difícil de distinguir del grano cuando comienza a crecer. La parábola trata de la actitud de tener frente a la acogida mixta dada a Jesús. La siega (v. 30) era imagen común del juicio final en el antiguo testamento y en la simbología judía, por lo que se recomienda paciencia y tolerancia hasta que Dios dé el fallo decisivo. En los versículos 28-29, se dice a los discípulos que frenen el deseo de arrancar a los incrédulos de entre sus compañeros judíos. La separación tendrá lugar al final cuando llegue el Reino.

13:31-35 La mostaza y la levadura (cf. Mc 4:30-32; Lc 13:18-21). Las parábolas del grano de mostaza y de la levadura recurren a imágenes de la vida diaria para ilustrar el dinamismo del Reino de Dios. La actividad de Dios en el ministerio de Jesús parece tan pequeña como un grano de mostaza o como un poco de levadura, pero su grandeza en la plenitud del Reino de Dios será inmensa. Estas comparaciones sugieren que, en la predicación de Jesús, el Reino de Dios está de algún modo presente y que continuará creciendo hasta su plenitud. La parte del discurso dirigida a la multitud acaba (vv. 34-35) explicando que emplea parábolas para cumplir el salmo 78:2. La cita también llama la atención sobre la alta posición de Jesús como revelador de los misterios del universo.

13:36-43 La explicación de la semilla y de la cizaña. Ahora Jesús se aparta de la multitud y se concentra en sus discípulos. A su petición de explicaciones sobre las parábolas de la semilla y de la cizaña, primero responde, en los versículos 37-39, con una serie de equivalencias que ayu-

cípulos. Estos le dijeron: "Explícanos la parábola de la maleza sembrada en el campo".

37Jesús les dijo: "El que siembra la semilla buena es el Hijo del Hombre. 38El campo es el mundo. La buena semilla son los que pertenecen al Reino. La mala hierba es la gente del demonio. 39El enemigo que la siembra es el diablo. La cosecha es el fin del mundo. Los segadores son los ángeles. 40Así como se recoge la maleza y se quema, así será el fin del mundo.

41El Hijo del Hombre enviará a sus ángeles para que quiten de su Reino todos los escándalos y saquen a los malvados. 42Y los arrojarán en el horno ardiente. Allí será el llanto y el rechinar de dientes. 43Al mismo tiempo, los justos brillarán como el sol en el Reino de su Padre. Quien tenga oídos, que entienda.

El tesoro, la perla, la red

44El Reino de los Cielos es semejante a un tesoro escondido en un campo. El hombre que lo descubre lo vuelve a esconder y, de tanta alegría, vende todo lo que tiene para comprar ese campo.

45El Reino de los Cielos es semejante a un comerciante que busca perlas finas. 46Si llega a sus manos una perla de gran valor, vende cuanto tiene, y la compra.

47El Reino de los Cielos es semejante a una red que se echa al mar y recoge peces de todas clases. 48Cuando está llena, los pescadores la sacan a la orilla. Ahí se sientan, escogen los peces buenos y los echan en canastos, y tiran los que no se pueden comer. 49Así pasará el fin del mundo: vendrán los ángeles y separarán a los malos de los buenos 50y los arrojarán al horno ardiente, donde habrá llanto y desesperación.

51Preguntó Jesús: "¿Entendieron bien todas estas cosas?" Ellos le respondieron: "Sí". 52Entonces, Jesús añadió: "Todo maestro de la Ley que se ha hecho discípulo del Reino de los Cielos se parece a un padre de familia que, de sus reservas, va sacando cosas nuevas y cosas antiguas".

dan a entender la parábola, aunque según los versículos 10-17, los discípulos no deberían necesitar ninguna ayuda. Luego, en los versículos 40-42, presenta el escenario para los sucesos en torno al juicio final. Esto último cambia el enfoque desde una tolerancia paciente en el presente (como en los vv. 24-30) hasta los sucesos espectaculares que ocurrirán al final. También se discute sobre el origen de esta explicación de la parábola. ¿De quién salió? ¿De Jesús, de la Iglesia primitiva o del evangelista?

13:44-50 El tesoro, la perla, y la red. Las parábolas del tesoro y de la perla, en los versículos 44-46, ilustran el celo con el que hay que buscar el Reino. Expresan el gran valor del Reino, la alegría que causa, y la dedicación total que se merece. La parábola de la red, en los versículos 47-50, nos recuerda que la venida del Reino incluirá el juicio final en el que los buenos y los malos serán separados para recibir el premio y el castigo.

13:51-53 Conclusión. El sermón de las parábolas acaba con una enseñanza que expresa muy bien el ideal que buscaba el evangelista: la habilidad para ver la novedad radical de la acción de Dios en Cristo a la luz de la tradición del antiguo testamento. Hay que entender la relación entre

⁵³Una vez que terminó estos ejemplos, se fue de allí. ⁵⁴Y, al pasar por su tierra de Nazaret, se puso a enseñar en la sinagoga, de tal manera que la gente maravillada, se preguntaba: ''¿De dónde le ha llegado tanta sabiduría y ese poder de hacer milagros? ⁵⁵¿No es el hijo del carpintero? ¿No se llama María su madre? ¿No son sus hermanos Santiago, José, Simón y Judas? ⁵⁶Y sus hermanas, ¿no están todas viviendo entre nosotros? ¿De dónde, pues, le viene todo esto?'' No creían en él; todo lo contrario.

⁵⁷Pero Jesús les dijo: ''A un profeta sólo lo desprecian en su tierra y en su familia''.

⁵⁸Y como no creían en él, hizo allí pocos milagros.

Cómo mataron a Juan Bautista

14 ¹Por aquel tiempo, el rey Herodes tuvo noticias de la fama de Jesús. ²Y dijo a sus allegados: ''Es Juan Bautista. Juan ha resucitado de entre los muertos y por eso los poderes milagrosos actúan en él''.

³Hay que decir que Herodes había hecho detener a Juan y, cargado de cadenas, lo había metido en la cárcel. Pues Herodes había tomado como mujer a Herodías, la esposa de su hermano Filipo, ⁴y Juan le decía: ''No puedes tenerla como esposa''. ⁵Herodes hubiera querido matarlo, pero no se atrevía por temor al pueblo, que lo consideraba un profeta.

⁶Pero llegó el cumpleaños de Herodes. La hija de Herodías salió a bailar

lo nuevo (Cristo) y lo viejo (la tradición judía). El discurso se cierra de la manera acostumbrada (cf. 7:28; 11:1; 19:1; 26:1).

VIII. MILAGROS Y CONTROVERSIAS

Mt 13:54–16:4

13:54-58 Rechazo en Nazaret (cf. Mc 6:1-6; Lc 4:16-30). Los temas de la incredulidad y del rechazo continúan en el incidente de Jesús de Nazaret (vv. 54-58) y en la muerte de Juan Bautista (14:1-12). La referencia a Jesús enseñando en ''la sinagoga'' (v. 54) sugiere una separación entre los seguidores de Jesús y los judíos, y refleja con probabilidad el tiempo cuando se escribía el Evangelio. La descripción de Jesús como ''el hijo del carpintero'' (v. 55) prueba que los habitantes de Nazaret no conocían lo que los lectores del Evangelio saben desde 1:18-25. Su admiración se convierte en incredulidad—cosa que se explica en el versículo 57, por lo que debió ser un refrán sobre la falta de acogida que encuentra un profeta entre los suyos. La falta de fe de la gente es presentada en el versículo 58 como explicación de la negativa de Jesús a hacer milagros allí (cf. Mc 6:5-6).

14:1-12 La muerte de Juan Bautista (cf. Mc 6:14-29; Lc 9:7-9). La tradición sobre la reacción de Herodes Antipas (hijo de Herodes el Grande) a Jesús está ligada a la narración de la actividad de Jesús por los alrede-

en medio de los invitados, y le gustó tanto a Herodes, [7]que le prometió bajo juramento darle todo lo que le pidiera. [8]La joven, siguiendo el consejo de su madre, le dijo: "Dame aquí en una bandeja la cabeza de Juan Bautista".

[9]El rey, que se había comprometido bajo juramento en presencia de los invitados, ordenó entregársela, aunque muy a pesar suyo. [10]Y mandó cortar la cabeza de Juan en la cárcel. [11]En seguida trajeron su cabeza en una bandeja, se la entregaron a la muchacha, y ésta se la llevó a su madre.

[12]Después vinieron los discípulos de Juan, llevaron su cuerpo a enterrar y fueron a dar la noticia a Jesús.

Primera multiplicación del pan

[13]Entonces Jesús se alejó de allí en barca a un lugar despoblado para estar solo. Pero la gente, en cuanto lo supo, lo siguió por tierra desde sus pueblos. [14]Jesús, al desembarcar y ver a tanta gente reunida, tuvo compasión y sanó a los enfermos.

[15]Al caer la tarde, sus discípulos se le acercaron para decirle: "Estamos en un lugar despoblado, y se hace tarde; despide a esta gente para que se vaya a las aldeas y se compre algo que comer". [16]Pero Jesús les contestó: "No tienen necesidad de irse: denles ustedes de comer". [17]Ellos respondieron: "No tenemos aquí mas que cinco panes y dos pescados". [18]Jesús les dijo: "Tráiganlos para acá".

[19]Entonces manda sentarse a todos en la hierba. Toma los cinco panes y los dos pescados, levanta los ojos al cielo, pronuncia la bendición, parte los panes y los entrega a los discípulos para que

dores de Nazaret. Como gobernante de Galilea desde 4 a.C. hasta 39 A.D., Herodes tuvo curiosidad de conocer a Jesús y se preguntaba si sería Juan Bautista vuelto a la vida (vv. 1-2). Esto da pie a Mateo para contar la sangrienta historia de la ejecución de Juan y para relacionar el rechazo de Jesús con el de Juan (cf. 11:2-19). La descripción del matrimonio de Herodes en el versículo 3 (cf. Mc 6:17) no es exactamente correcta ya que Herodías había estado casada con otro Herodes que era medio hermano de Herodes Antipas. De todos modos, la narración de los versículos 3-12 desarrolla el paralelo entre el fin trágico de Juan y el fin que le aguarda a Jesús. Los dos eran considerados profetas por el pueblo; arrestados bajo pretextos superficiales y ejecutados por la debilidad del agente de gobierno, los dos, se creía, habían resucitado de entre los muertos.

14:13-21 Jesús da de comer a cinco mil (cf. Mc 6:30-44; Lc 9:10-17; Jn 6:1-14). El enfoque de Mateo sobre el rechazo de Jesús queda interrumpido por tres historias de milagros de diferente extensión y contenido. La sospecha de Jesús sobre el interés de Herodes en él le hace irse a un lugar retirado, pero la gente le sigue. Después de curar a algunos enfermos, Jesús da de comer a cinco mil hombres, además de las mujeres y los niños (vv. 15-21). La narración de Mateo es semejante a la de Marcos aunque es más concisa y pone a los discípulos a mejor luz. Mateo 14:16-18, cuando se compara con Marcos 6:37-38, suaviza la falta de entendimiento de los discípulos. Las discípulos aparacen como parte en la dis-

se los repartan a la gente. ²⁰Y todos comieron hasta saciarse.

Se recogieron doce canastos llenos de los pedazos que sobraron. ²¹Los que comieron fueron unos cinco mil hombres, sin contar las mujeres ni los niños.

Jesús anda sobre las aguas del lago

²²Inmediatamente después, Jesús obligó a sus discípulos a que se embarcaran y fueran a esperarlo al otro lado, mientras él despedía a la muchedumbre. ²³Un vez que los despidió, subió solo a un cerro a orar. Al caer la noche, estaba allí solo. ²⁴Entre tanto, la barca estaba ya muy lejos de tierra, sacudida fuertemente por las olas, porque soplaba viento en contra. ²⁵De madrugada, fue Jesús hacia ellos caminando sobre el mar. ²⁶Al verlo caminar sobre el mar, se asustaron y exclamaron: "¡Es un fantasma!" Y llenos de miedo comenzaron a gritar. ²⁷Jesús les dijo al instante: "Animo, no teman, soy yo". ²⁸Pedro contestó: "Señor, si eres tú, manda que yo vaya a ti caminando sobre las aguas". ²⁹Jesús le dijo: "Ven". Pedro bajó de la barca, y caminaba sobre las aguas para llegar a Jesús. ³⁰Pero, al fijarse en la violencia del viento, tuvo miedo y comenzó a hundirse. Entonces gritó: "¡Sálvame, Señor!" ³¹Al instante Jesús extendió la mano, diciendo: "Hombre de poca fe, ¿por qué vacilaste?" ³²Cuando subieron a la barca, cesó el viento, ³³y los que estaban en la barca se postraron delante de él, diciendo: "¡Verdaderamente, tú eres Hijo de Dios!" ³⁴Una vez terminada la travesía, tocaron tierra en Genesaret. ³⁵Al

cusión y ayudan a alimentar a la gente. El lenguaje de Mateo 14:19, comparado con el de Mateo 26:26, sugiere que la multiplicación de los panes era vista como anticipación de la Ultima Cena y de la celebración eclesial de la Eucaristía. Los peces y las doce canastas de sobras parecen apuntar más allá de la Ultima Cena al banquete mesiánico de la llegada final del Reino de Dios.

14:22-33 Jesús camina sobre el agua (cf. Mc 6:45-52; Jn 6:15-21). El relato de transición de los versículos 22-23 pone a los discípulos en medio del mar, y a Jesús en oración en la montaña. Los discípulos van por su cuenta y les va mal. La barca puede muy bien ser símbolo de la iglesia (cf. 8:2). Jesús viene a salvarlos en su necesidad y se revela Señor de los poderes de la naturaleza (vv. 24-27). Mateo ha introducido en este episodio la historia del intento de Pedro de andar sobre las aguas y su fracaso a causa de su falta de fe (vv. 28-31). Pedro representa a los discípulos (y a todos los cristianos) en su amor entusiasta y fe insuficiente. En su temor invoca a Jesús con una oración ("Señor, sálvame"), y es criticado por la pequeñez de su fe. La historia culmina con la confesión de los discípulos de que Jesús es verdaderamente Hijo de Dios (vv. 32-33).

14:34-36 Curaciones en Genesaret (cf. Mc 6:53-56). Las curaciones en Genesaret constituyen el tercer miembro de esta serie de tres historias de milagros y repiten el tema de la gran impresión que Jesús hacía entre el público. La reacción muy favorable a Jesús está en contraste con su

reconocerlo, la gente del lugar divulgó la noticia por toda la región. [36]Le trajeron todos los enfermos, rogándole que los dejara tocar solamente el fleco de su capa. Todos los que lo tocaron quedaron totalmente sanos.

Mandatos de Dios y enseñanzas de hombres

15 [1]Entonces se acercaron a Jesús algunos fariseos y maestros de la Ley que habían venido de Jerusalén. [2]Y le dijeron: ''¿Por qué tus discípulos no respetan la tradición de los antiguos? En efecto, no se lavan las manos antes de comer''.

[3]''Y ustedes''—replicó Jesús—''¿por qué quebrantan un mandamiento de Dios en nombre de sus tradiciones? [4]Pues Dios dijo: *Cumple tus deberes con*

tu padre y con tu madre. Y: El que maldiga a su padre o a su madre debe ser condenado a muerte. [5]En cambio ustedes afirman que un hombre puede decir a su padre o a su madre: No puedo ayudarte porque todo lo mío lo tengo destinado al Templo. [6]En este caso, según ustedes, esta persona queda libre de sus deberes con su padre y su madre. Y así ustedes han anulado la orden de Dios en nombre de sus tradiciones.

[7]¡Hipócritas! Isaías profetizó exactamente de ustedes, cuando dijo: [8]*Este pueblo me honra con la boca, pero su corazón está lejos de mí.* [9]*El culto que me rinden no sirve de nada, y sus enseñanzas no son más que mandatos de hombres''.*

Mancha al hombre lo que sale de él

[10]Después, Jesús hizo acercarse a la gente y les dijo: ''Escuchen y entienda:

rechazo en Nazaret en 13:54-58 y con la hostilidad de los escribas y fariseos en 15:1-20.

15:1-20 Controversia sobre la pureza legal (cf. Mc 7:1-23). A las tres acciones de poder sigue una controversia con los fariseos y los escribas. El debate recae sobre los discípulos que no seguían las reglas de la pureza ritual tan exactamente como lo hacían los fariseos (v. 2). Los fariseos habían organizado todo un cuerpo de tradiciones para asegurar el cumplimiento de la ley escrita. Además, pretendían hacer extensivas a todo israelita las leyes que originalmente eran para las familias sacerdotales, porque, según eso, todo Israel era pueblo sacerdotal. Por ello esperaban que Jesús y sus seguidores observarían las leyes de pureza legal detalladas en Levítico 22:1-16.

La primera parte de la respuesta de Jesús (vv. 3-9) ataca la idea de la tradición que tenían los fariseos. Jesús les muestra que su idea de la tradición algunas veces los lleva a violar mandamientos claros de la ley (vv. 3-6). El honrar a los padres se encuentra en la ley en forma afirmativa (Ex 20:12; Dt 5:16) y negativa (Ex 21:17). Pero la tradición de los fariseos, en opinión de Jesús, permitía a uno poner su propiedad bajo un voto sagrado como medio para lograr que los padres no tuvieran acceso a ella. De ese modo, una ficción piadosa daba excusa para ignorar una obligación sagrada o para deshacerse de ella. Las palabras de Isaías 29:13 sirven para llamar a esa conducta *hipocresía*. Esta tradición que pretende defender la ley, en realidad la viola.

¹¹lo que entra por la boca no hace impuro al hombre, pero sí mancha al hombre lo que sale de su boca''.

¹²Entonces los discípulos se acercaron y le dijeron: ''¿Sabes que los fariseos se escandalizan al oírte hablar así?'' ¹³Jesús respondió: ''Toda planta que no haya plantado mi Padre celestial será arrancada de raíz. ¹⁴¡Déjenlos! Son ciegos que guían a otros ciegos. Y si un ciego guía a otro ciego, los dos caen en un hoyo''.

¹⁵Pedro, tomando la palabra, le dijo: ''Explícanos esta comparación''. ¹⁶Jesús le respondió: ''¿Ni siquiera ustedes son capaces todavía de entender esto? ¹⁷¿No comprenden que todo lo que entra por al boca va a parar al vientre y después sale del cuerpo, ¹⁸mientras que lo que sale de la boca viene del corazón, y eso es lo que hace impuro al hombre?

¹⁹En efecto, del corazón proceden los malos deseos, asesinatos, adulterios, inmoralidad sexual, robos, mentiras, chismes. ²⁰Esas son las cosas que hacen impuro al hombre; pero comer sin lavarse las manos, eso no hace impuro al hombre''.

Jesús sana a la hija de una pagana

²¹Jesús se apartó hacia la región fronteriza con Tiro y Sidón. ²²Pues bien, una mujer cananea, que había salido de esos territorios, lo fue a ver y se puso a gri-

La segunda parte de la respuesta de Jesús (vv. 10-20) se centra en casos concretos de pureza legal. El aserto del versículo 11, de que sólo existe la impureza moral, es muy radical, ya que grandes secciones del antiguo testamento tratan de la impureza ritual que se contrae al tocar cosas o comer ciertos alimentos. Solamente una fe firme en Jesús como intérprete autorizado de la Ley podría permitir a Mateo y su comunidad aceptar una enseñanza tan revolucionaria.

A la doctrina básica del versículo 11 se añade un juicio severo contra los fariseos (vv. 12-14). Cuando se le informa a Jesús de que los fariseos se escandalizan de su enseñanza, Jesús les niega raíces espirituales (v. 13) y los condena como guías ciegos que llevan a otros a la perdición (v. 14). La petición de Pedro en el versículo 15 supone que la ''parábola'' es un ''misterio'' o adivinanza. La explicación de Jesús en los versículos 17-20 amplía y concretiza la enseñanza radical del versículo 11. La pureza moral es la única que cuenta, y son los malos deseos de la mente los que hacen a una persona moralmente impura y luego producen toda clase de acciones prohibidas en el antiguo testamento. La queja contra los discípulos de Jesús del versículo 2 no tiene validez porque toda la tradición sobre la pureza o impureza ritual carece de validez.

15:21-28 Sanación de la hija de una mujer cananea (cf. Mc 7:24-30). Se vuelve a repetir la serie de tres milagros y una historia de controversia en 15:21–16:4 tal como apareció en 14:13–15:20. La primera curación tiene lugar en los alrededores de las ciudades fenicias de Tiro y Sidón y afecta a la hija de una mujer cananea que estaba poseída por un demonio. De hecho el milagro sirve de ocasión para un diálogo con una oración, y se

tar: "Señor, hijo de David, ten compasión de mí: mi hija es atormentada por un demonio". [23]Pero Jesús no le contestó ni una palabra. Entonces sus discípulos se acercaron y le dijeron: "Despáchala: mira cómo grita detrás de nosotros".

[24]Jesús contestó: "No fui enviado sino a las ovejas perdidas del pueblo de Israel".

[25]Pero la mujer se acercó a Jesús y, arrodillándose ante él, le dijo: "Señor, socórreme". [26]Jesús le contestó: "No se debe echar a los perros el pan de los hijos". [27]"Es verdad, Señor", contestó la mujer, "pero los perritos comen las migas que caen de la mesa de sus patrones". [28]Entonces Jesús le contestó: "Mujer, ¡qué grande es tu fe! Que se cumpla tu deseo". Y en ese momento quedó sana su hija.

Segunda multiplicación del pan

[29]Desde allí pasó Jesús a la orilla del mar de Galilea y, subiendo a un cerro, se sentó en ese lugar. [30]Un pueblo muy numeroso se acercó a él, trayendo mudos, ciegos, cojos, mancos y personas con muchas otras enfermedades. Los pusieron a sus pies y él los sanó. [31]Al ver que los mudos hablaban, que los cojos andaban y que los ciegos veían, todos se quedaron asombrados, por lo que daban gloria al Dios de Israel.

[32]Jesús reunió a sus discípulos y les dijo: "Me da compasión este pueblo: hace tres días que me siguen y no tienen qué comer. Y no quiero despedirlos en ayunas, porque se desmayarían en el camino". [33]Pero sus discípulos le respondieron: "¿Y dónde hallaremos bastantes panes en ese desierto, para alimentar a tanta gente?"

dirige a Jesús con los títulos de Señor e hijo de David, pero es rechazada por Jesús con el pretexto de que su misión en el ministerio hasta su muerte se limita sólo a los judíos (v. 24). Cuando la mujer persiste en su oración ("Ayúdame, Señor"), Jesús la regaña duramente igualando a los paganos con los perros y a los judíos con los hijos e hijas de Dios (v. 26). La mujer tiene la calma y la astucia para indicar que hasta los perros comen las migajas que caen de la mesa de los dueños (v. 27). Esta confesión de fe impresiona a Jesús de tal manera que le concede la sanación de la hija. La historia de la salvación que se ofrece a los paganos por su fe en Jesús animaría a la iglesia en su misión a los gentiles después de la muerte y resurrección de Jesús. En el plan divino de salvación, los judíos pueden estar orgullosos de su posición ("hijos e hijas"). Pero Jesús mismo alabó y respetó la gran fe de los paganos (cf. 8:5-13).

15:29-31 Sanación de mucha gente. La segunda historia milagrosa de esta serie hace un sumario de muchas curaciones de Jesús (cf. 15:15-21; 14:34-36). Después de la introducción geográfica del versículo 29, las palabras de Isaías 35:5-6 y 29:18-19 sirven para describir las diferentes clases de enfermedades (v. 30) que Jesús curaba. La persona de Jesús es central en la narración (v. 30). Le llevan los enfermos y él los cura.

15:32-39 La segunda multiplicación de los panes (cf. Mc 8:1-10). El tercer relato de milagros cuenta cómo Jesús alimenta a otra multitud. Tiene gran semejanza a la contada en 14:13-21 cuando Jesús alimentó a cinco

³⁴Jesús les dijo: "¿Cuántos panes tiene?" Respondieron: "Siete y algunos pescaditos".
³⁵Entonces, Jesús mandó a la gente que se sentara en el suelo.
³⁶Y él, tomando los siete panes y los pescaditos, da gracias a Dios. En seguida los parte y los da a sus discípulos y éstos los reparten al pueblo.
³⁷Todos comieron hasta saciarse y llenaron siete cestos de los pedazos que sobraron. ³⁸Los que comieron fueron cuatro mil hombres, sin contar las mujeres ni los niños. ³⁹Después, Jesús despidió a la muchedumbre, subió a la barca y pasó a la región de Magadán.

Las señales de los tiempos

16 ¹Los fariseos y los saduceos se acercaron a Jesús y, para ponerlo en apuros, le pidieron una señal milagrosa que viniera del Cielo.
²Jesús respondió: "Al atardecer ustedes dicen: Habrá buen tiempo porque el cielo está rojo y encendido. ³Y por la mañana: Hoy tendremos mal tiempo porque el cielo está rojizo hacia el Este. Saben, pues, interpretar los aspectos del cielo, ¿y no saben interpretar las señales de los tiempos? ⁴¡Generación mala y adúltera! Piden una señal, pero señal no tendrán, sino la de Jonás".
Los dejó y se fue.

mil hombres. Las dos narraciones se diferencian principalmente en los números: panes (cinco o siete), canastos de sobras (doce o siete), y el número de hombres (cinco o cuatro mil). La compasión de Jesús por la gente (v. 32) le lleva a remediar sus necesidades físicas; el lenguaje de la narración tiene ecos de la Eucaristía (cf. 14:19; 26:26). No hay razón suficiente para ver en este milagro la "alimentación de los gentiles" como opuesto a la "alimentación de los judíos" en 14:13-21. Las dos narraciones pueden ser versiones diferentes del mismo milagro.

16:1-4 Controversia sobre las señales (cf. Mc 8:11-13; Lc 12:54-56). La serie anterior de historias de milagros, en 14:13-36, se cerró con una historia de controversia en 15:1-20; también la segunda serie de historias de milagros de 15:21-39 se cierra con una controversia en 16:1-4. A pesar de todos los milagros que Jesús ha hecho, los fariseos y saduceos quieren otra señal que pruebe que viene de Dios. Estos enemigos de Jesús que se pelean entre sí sobre muchos puntos, aquí se unen para oponerse a Jesús.

La respuesta de los versículos 2-3 no aparece en algunos manuscritos griegos importantes del Evangelio. No sabemos si perteneció al texto griego original, pero su enseñanza básica es que los milagros de Jesús son las señales de la venida del Reino de Dios. Los enemigos saben predecir el tiempo por el color del cielo, pero están ciegos para ver la naturaleza de los milagros de Jesús. La señal de Jonás podría ser el ofrecimiento de la salvación a los paganos (cf. 8:5-13; 15:21-28), pero a la luz de 12:40 el evangelista probablemente la entendía en referencia a la muerte y resurrección de Jesús.

⁵Los discípulos, al pasar a la otra orilla, habían olvidado llevar pan. ⁶Jesús les dijo: "Tengan cuidado y desconfíen de la levadura de los fariseos y de los saduceos". ⁷Y los discípulos se pusieron a comentar entre ellos: "Nos dice eso porque no trajimos pan".

⁸Jesús, al darse cuenta, les dijo: "Hombres de poca fe, ¿por qué se preocupan de que no tienen pan? ⁹¿No comprenden todavía? ¿No recuerdan los cinco panes para los cinco mil hombres, y cuántas canastadas recogieron? ¹⁰¿Ni los siete panes para los cuatro mil hombres, y cuántos cestos llenaron de sobras?

¹¹¿Cómo no entienden que no hablo de panes cuando les digo: Cuidado con la levadura de los fariseos y de los saduceos?"

¹²En esos momentos comprendieron que no les hablaba de la levadura para el pan, sino de las enseñanzas de los fariseos y saduceos.

IX. EL CAMINO DE LA CRUZ

Mt 16:5–17:27

16:5-12 La levadura de los fariseos y saduceos (cf. Mc 8:14-21). Con el llamado discurso de la levadura, Jesús se vuelve a sus discípulos y les enseña a lo largo de este capítulo. Su instrucción trata sobre las enseñanzas de los fariseos y saduceos (16:5-12), la identidad de Jesús y de Pedro (16:13-20), la cruz y la resurrección (16:21-23), y el discipulado de la cruz (16:24-28).

En el discurso de la levadura (vv. 5-12), el olvido de los discípulos de llevar pan para el camino está unido a la inesperada advertencia de Jesús contra la levadura de los fariseos y saduceos (v. 6). La levadura representa su influencia corruptora. Marcos habla de la levadura de los fariseos y de Herodes o de los herodianos, mientras que Mateo menciona a los fariseos y a los saduceos con lo que prepara la explicación conclusiva (v. 12) en la que la levadura es la doctrina corruptora de los fariseos y escribas.

La respuesta de Jesús al malentendido de los discípulos abarca cinco preguntas en los versículos 8-11. Se hace alusión a los dos milagros de los panes (cf. 14:13-21; 15:32-39) con la implicación de que los discípulos deberían saber bien para ahora que Jesús es capaz de poner remedio a sus necesidades físicas. Los discípulos aún muestran tener poca fe; ésta es una manera característica de Mateo de describir la imperfección de los discípulos (cf. 6:30; 8:26; 14:31). Aunque Jesús parece reprender a los discípulos con dureza, no tenemos aquí la insistente serie de preguntas acusadoras de Marcos 8:17-21. De todos modos, la dificultad que los discípulos tienen para entender lo que Jesús dice muestra cuánto necesitan de su enseñanza para comprender qué es el seguimiento de Jesús.

La fe de Pedro y las promesas de Jesús

¹³Al llegar Jesús a la región de Cesarea de Filipo, preguntó a sus discípulos: "¿Quién dice la gente que soy yo, el Hijo del Hombre?" ¹⁴Ellos dijeron: "Unos dicen que eres Juan Bautista; otros dicen que Elías; otros, que Jeremías o alguno de los profetas".

¹⁵Jesús les preguntó: "¿Y ustedes, quién dicen que soy yo?" ¹⁶Simón contestó: "Tú eres el Cristo, el Hijo de Dios vivo". ¹⁷Jesús le respondió: "Feliz eres, Simón Bar-jo-na, porque no te lo enseñó la carne ni la sangre, sino mi Padre que está en los Cielos.

¹⁸Y ahora, yo te digo: Tú eres Pedro, a sea *Piedra*, y sobre esta piedra edifi-

16:13-20 La identidad de Jesús y de Pedro (cf. Mc 8:27-30; Lc 9:18-21). La confesión de fe de Pedro comienza como un diálogo entre Jesús y los discípulos. Tiene lugar cerca de Cesarea de Filipos, en el norte de Palestina, y es el primer paso en el viaje que acabará en la pasión y muerte en Jerusalén. Cuando Jesús pregunta sobre las opiniones de la gente sobre su identidad, los discípulos le comunican lo que la gente decía (v. 14). Según 14:2, Herodes Antipas creía que Jesús era Juan Bautista resucitado. También se esperaba la vuelta de Elías para acompañar la llegada del Reino de Dios (cf. Mal 4:5-6). Sólo en Mateo 16:14 encontramos la referencia a Jeremías (cf. Mc 8:28; Lc 9:19), y puede indicar que la gente veía semejanzas entre el profeta Jeremías y Jesús.

En la segunda parte del diálogo (vv. 15-16), Jesús pregunta no por las opiniones de la gente sino por la evaluación personal de los discípulos. Como sucede con frecuencia en esta sección (cf. 15:15; 16:22; 17:24; 18:21), Pedro se hace portavoz del grupo y proclama que Jesús es el Mesías. (Mesías es una palabra hebrea que significa "ungido", en griego se traduce por Cristos.) Al confesar a Jesús como Mesías, Pedro se hace eco de la esperanza de los discípulos de que Jesús libraría a Israel de sus enemigos y establecería el reinado de Dios en la tierra.

Hasta el versículo 16b, la narración sigue de cerca a Marcos 8:27-29. Pero Mateo añade al relato de Marcos en el versículo 16b un detalle sobre la identidad de Jesús ("el Hijo del Dios vivo") la promesa de Jesús a Pedro en los versículos 17-19. Este añadido cambia el curso de la narración en favor de Pedro. Mientras que en Marcos 8:27-33 se pasa de la confesión de Pedro a su poco entendimiento de Jesús, en Mateo la confesión atrae una bendición solemne sobre Pedro.

La frase "Hijo del Dios vivo" del versículo 16b corrige y trasciende toda mala interpretación posible del título "Mesías". La bendición del versículo 17 declara que la confesión de Pedro proviene de una revelación de Dios, y el versículo 18 anuncia que Pedro es la roca en la que se construirá la comunidad cristiana después de la muerte y resurrección de Jesús. Ningún poder hostil a Dios podrá destruir esa comunidad.

caré mi Iglesia y las fuerzas del Infierno no la podrán vencer.

¹⁹Yo te daré las llaves del Reino de los Cielos: todo lo que ates en la tierra será atado en el Cielo, y lo que desates en la tierra será desatado en los Cielos''.

²⁰En seguida, Jesús ordenó a los discípulos que no le dijeran a nadie que él era el Cristo.

Jesús anuncia su Pasión

²¹A partir de ese día, Jesucristo comenzó a explicar a sus discípulos que debía ir a Jerusalén y que las autorida-des judías, los sumos sacerdotes y los maestros de la Ley lo iban a hacer sufrir mucho. Les dijo también que iba a ser condenado a muerte y que resucitaría al tercer día.

²²Pedro lo llevó aparte y se puso a reprenderlo, diciéndole: ''¡Dios te libre, Señor! No, no pueden sucederte esas cosas''. ²³Pero Jesús se volvió y le dijo: ''¡Detrás de mí, Satanás! Tú me harías tropezar. No piensas como Dios, sino como los hombres''.

²⁴Entonces dijo Jesús a sus discípulos: ''El que quiera seguirme, que renuncie

Finalmente, en el versículo 19, Pedro es presentado como ''mayordomo'' o primer ministro del Reino proclamado por Jesús (cf. 18:18). El contenido de ese poder no es claro. Quizás incluya el aplicar las leyes, dar exenciones, imponer y quitar la excomunión, perdonar o retener pecados, y hasta hacer exorcismos.

El lenguaje del pasaje es muy semítico, por lo que los versículos 16b-19 transmiten una tradición temprana. Se debate sobre si esta bendición fue pronunciada por Jesús durante su ministerio o después de su resurrección (cf. 1 Cor 15:5; Lc 24:34). Hay especialistas que ven su origen en la iglesia de Antioquía de Siria. Cualquiera que fuera su origen, el texto alaba a Pedro como receptor de la divina revelación (v. 17), lo declara fundamento de la comunidad (v. 18), y le da autoridad especial (v. 19). Con la orden de guardar el secreto, Mateo, en el versículo 20, se une a Marcos.

16:21-23 La primera predicción de la pasión (cf. Mc 8:34–9:1; Lc 9:22). La primera predicción de la pasión quita toda duda sobre la clase de Mesías que Jesús es. En el versículo 21, Jesús declara abiertamente que su futuro en la tierra incluye el sufrimiento y la muerte, de acuerdo al plan del Padre (''debía ir a Jerusalén''). El anuncio de la pasión es paralelo a los sucesos narrados en los capítulos 26-28. A pesar de su confesión de fe y de la bendición de que fue acompañada, Pedro en el versículo 22 rechaza la posibilidad de que el mesianismo de Jesús lleve consigo el sufrimiento. En el versículo 23 la actitud de Pedro es corregida con dureza, como proveniente de Satanás, como un obstáculo en el camino de Jesús por pensar a un nivel puramente humano.

16:24-28 El discipulado y la cruz (cf. Mc 8:34–9:1; Lc 9:23-27). Las enseñanzas sobre el costo y el premio del discipulado son presentadas después del primer anuncio de la pasión. El dicho sobre tomar la cruz, en el versículo 24 (cf. 10:38), conecta la suerte de los discípulos con la

En 1934 los franciscanos construyeron la iglesia de la Primacía de Pedro
(arriba) sobre una roca llamada Mensa Christi, o "Mesa de Cristo" (ver
abajo), en la que el Cristo resucitado preparó el desayuno para siete de los
apóstoles y donde Pedro fue comisionado como pastor en jefe de la iglesia,
de acuerdo a la tradición (ver Jn 21:1-17).

El monte Tabor, sitio tradicional de la transfiguración del Señor (Mt 17:1-9)

La Basílica de la Transfiguración en la cima del monte Tabor, completada en 1924.

a sí mismo, que cargue con su cruz y que me siga. ²⁵Pues el que quiera asegurar su vida la perderá, pero el que pierda su vida por mí, la hallará. ²⁶¿De qué le servirá al hombre ganar el mundo entero si se pierde a sí mismo? Pues, ¿de dónde sacará con qué rescatar su propia persona? ²⁷Sepan que el Hijo del Hombre vendrá con la Gloria de su Padre, rodeado de sus ángeles; entonces recompensará a cada uno según su conducta. ²⁸En verdad les digo que algunos de ustedes no morirán sin antes haber visto al Hijo del Hombre viniendo como rey''.

Jesús es transfigurado

17 ¹Seis días después, Jesús tomó consigo a Pedro, a Santiago y a Juan, su hermano, y los llevó a un cerro alto, lejos de todo. ²En presencia de ellos, Jesús cambió de aspecto: su cara brillaba como el sol y su ropa se puso resplandeciente como la luz. ³En ese momento se les aparecieron Moisés y Elías hablando con Jesús.

⁴Pedro tomó entonces la palabra y dijo a Jesús: ''Señor, ¡qué bueno que estemos aquí! Se quieres, voy a levantar aquí tres chozas: una para ti, otra para Moisés y otra para Elías''.

de Jesús. Mientras que en 10:1 los discípulos comparten el poder de Jesús demostrado en los capítulos 8-9, aquí se les anuncia que el discipulado también incluye el compartir la cruz. Las enseñanzas de los versículos 25-26 giran en torno al tema de la vida y sugieren que sólo cuando nos ponemos en las manos de Dios encontraremos libertad y felicidad. En el versículo 27, la creencia típicamente judía de que los premios y castigos se determinarán al llegar el Reino, en el juicio, recibe aquí una interpretación cristiana: Jesús se hará cargo de todo. No sabemos a qué se refería originalmente el versículo 28 (la llegada inminente del Reino, la muerte y resurrección, Pentecostés), pero aquí sirve de introducción a la transfiguración (17:1-8). En ese suceso los discípulos verán anticipadamente la gloriosa venida del Hijo del Hombre en su Reino.

17:1-8 La transfiguración (cf. Mc 9:28-36). La historia de la transfiguración presenta anticipadamente la venida del Hijo del Hombre en su reino (cf. 16:28). Algunos especialistas han propuesto que la narración originalmente describía una aparición del Señor resucitado que ha sido adelantada al tiempo del ministerio público de Jesús. Pero esta narración tiene poco en común con las de las apariciones después de la resurrección en los Evangelios. La transfiguración parece haber sido una experiencia histórica de carácter visionario. La referencia a los ''seis días después'', en el versículo 1, es enigmática, aunque el significado tradicional de la montaña como lugar privilegiado de revelación divina sugiere una alusión a la aparición de Dios a Moisés en el Sinaí (cf. Ex 24:16). Aquí, como en otros lugares del Evangelio, aparece el círculo de íntimos de Jesús, Pedro, Santiago, y Juan. Las palabras ''cambió de aspecto'', usadas en el versículo 2, indican que Jesús transfiguró o cambió de apariencia. Las discí-

⁵Pedro estaba todavía hablando cuando una numbe luminosa los cubrió con su sombra y una voz que salía de la nube decía: "Este es mi Hijo, el Amado; éste es mi Elegido: a él han de escuchar".

⁶Al oír la voz, los discípulos cayeron al suelo, llenos de gran temor. ⁷Jesús se acercó, los tocó y les dijo: "Levántense, no teman". ⁸Ellos levantaron los ojos, pero no vieron a nadie más que a Jesús. ⁹Y, mientras bajaban del cerro, Jesús les ordenó: "No hablen a nadie de lo que acaban de ver hasta que el Hijo del Hombre haya resucitado de entre los muertos".

¹⁰Los discípulos le preguntaron: "¿Cómo dicen los maestros de la Ley que Elías ha de venir primero?" ¹¹Contestó Jesús: "Bien es cierto que Elías ha de venir para restablecer el dominio de Dios. ¹²Pero sepan que Elías ya vino, y no lo reconocieron, sino que lo trataron como se les antojó. Y también harán padecer al Hijo del Hombre".

¹³Entonces, los discípulos comprendieron que Jesús se refería a Juan Bautista.

pulos vislumbraron el señorío de Jesús tal como se manifestará cuando llegue el Reino. El orden de los nombres de Moisés y Elías deja bien claro que representan a la ley y los profetas del antiguo testamento.

El interés principal de Mateo en la narración de la transfiguración recae sobre la reacción de los discípulos. En el versículo 4 Pedro llama a Jesús "Señor" y le pide permiso para erigir tres tiendas. Quizás creía que todos ellos se iban a quedar en aquel lugar de gloria hasta la llegada del Reino. Las esperanzas de los discípulos suben más en el versículo 5 con la voz de la nube (imagen judía de la presencia de Dios) que afirmaba la condición especial de Jesús en los mismos términos que en el bautismo (cf. 3:17). El asombroso carácter de la experiencia asusta a los discípulos (v. 6), pero Jesús los anima para que no tengan miedo (v. 7).

17:9-13 Secuela de la transfiguración (cf. Mc 9:9-13). La secuela de la transfiguración relaciona la gloria anticipada de Jesús con su sufrimiento, muerte, y resurrección. En el versículo 9 la transfiguración es presentada como una visión, y se manda a los discípulos que no hablen de ella hasta después de la resurrección. Al contrario de lo que sucede con los discípulos en Marcos 9:10, aquí parece que los discípulos entienden qué significa esa resurrección. Su pregunta sobre Elías en el versículo 10 se refiere a una tradición basada en Malaquías 4:5-6 sobre la vuelta del profeta Elías antes de la llegada del Reino de Dios. La respuesta de Jesús en los versículos 11-12 acepta la validez de esta tradición pero afirma que Elías ya vino en la persona de Juan Bautista (cf. 11:14). Así como Juan no fue reconocido y sufrió la persecución y la muerte, Jesús, el Hijo del Hombre, no será reconocido y tendrá que morir (cf. 14:1-12). Para que no haya equívocos sobre la identificación de Juan Bautista con Elías, Mateo añade que los discípulos se dieron cuenta de que Jesús se refería a Juan (v. 13).

Jesús sana a un epiléptico

¹⁴Cuando llegaron donde estaba la gente, se acercó un hombre a Jesús y de rodillas le dijo: ¹⁵"Señor, ten piedad de mi hijo, que es epiléptico y está muy grave; muchas veces cae al fuego, y otras, al agua. ¹⁶Lo traje a tus discípulos, pero no han podido sanarlo". ¹⁷Jesús respondió: "¡Qué gente tan incrédula y extraviada! ¡Hasta cuándo estaré entre ustedes! ¡Hasta cuándo tendré que soportarlos! Tráiganmelo aquí". ¹⁸Y Jesús ordenó al demonio que saliera del niño, que quedó sano de inmediato.

¹⁹Los discípulos, pues, se acercaron a Jesús y le preguntaron en privado: "¿Por qué nosotros no pudimos echar a ese demonio?" ²⁰Jesús les dijo: "Porque tienen poca fe. Yo les digo que si tuvieran fe como un granito de mostaza, le dirían a este cerro: quítate de ahí y ponte más allá, y el cerro obedecería: nada le sería imposible. ²¹Los demonios de esta clase no se van sino con la oración y el ayuno". ²²Un día, estando Jesús en Galilea con los apóstoles, les dijo: "El Hijo del Hombre va a ser entregado en manos de los hombres, ²³que le darán muerte.

17:14-20 Sanación de joven endemoniado (cf. Mc 9:14-29; Lc 9:37-43). La narración de Mateo sobre el joven poseído por el demonio es más breve que la de Marcos. Para Mateo la cuestión principal no es, como en Marcos, el poder de Jesús para curar, sino la importancia de los discípulos para curar por su poca fe (v. 20). La larga descripción de la condición del joven de Marcos 9:17-18, 20-22, 25-26 es abreviada considerablemente, describéndolo como un "lunático", afectado por las fases de la luna. El padre del niño, en los versículos 14-15, se acerca a Jesús con una actitud de oración ("y de rodillas le dijo: 'Señor, ten piedad'"). Por la manera en que Mateo cuenta la historia, parece que el duro reproche del Jesús en el versículo 17 se dirige a los discípulos; esto se ve más claro en el versículo 20 donde se les critica por su poca fe.

La mención de la poca fe es ocasión para añadir el dicho sobre la fe del tamaño del grano de mostaza. La semilla de mostaza es muy pequeñita (cf. 13:3-31), por lo que la moraleja del dicho de Jesús es que la fe, aunque sea muy pequeña, puede producir efectos dramáticos. La historia de los versículos 14-19 que trata de la ineficacia de la fe de los discípulos, y el dicho del versículo 20 que trata del gran poder hasta de una fe pequeña están conectados porque en ambos se habla de la "poca fe", aunque el significado de esta fe sea diferente en cada caso. Algunos manuscritos incluyen el dicho de versículo 21 que se encuentra en Marcos 9:29. Si este versículo 21 fuera original de San Mateo no habría ninguna razón para que algunos manuscritos antiguos lo emitieran. Probablemente fue añadido al texto de Mateo en el proceso de la transmisión de texto evangélico.

17:22-23 La segunda predicción de la pasión (cf. Mc 9:30-32; Lc 9:43-45). La segunda predicción de la pasión nos recuerda el destino de sufri-

Pero resucitará al tercer día''. Los após- toles se pusieron muy tristes.

El impuesto para el Templo

²⁴Al volver a Cafarnaún, se acercaron a Pedro los que cobran el impuesto para el Templo, y le dijeron: ''El maestro de ustedes, ¿no paga el impuesto?'' ²⁵''Claro que sí'', contestó Pedro. Y se fue a la casa.

Cuando entraba, se anticipó Jesús y dijo a Pedro: ''¿Qué piensas de esto, Simón? ¿Quiénes pagan impuestos o

contribuciones a los reyes de la tierra: sus hijos o los extraños?'' ²⁶Pedro con- testó: ''Los extraños''. Y Jesús le dijo: ''Los hijos, pues, no tienen por qué pa- garlo. ²⁷Sin embargo, para no escanda- lizar a esta gente, vete a la playa, echa el anzuelo, y al primer pez que pique ábrele la boca. Hallarás ahí una moneda de plata; tómala, y paga por mí y por ti''.

Los pequeñuelos y el escándalo

18 ¹En ese momento, los discípulos se acercaron a Jesús para pregun-

miento to y muerte que aguarda a Jesús en Jerusalén. La palabra ''entre- gado'' en el versículo 22 sugiere que todo sucederá de acuerdo con el plan de Dios. En contraste con los discípulos en Marcos 9:32 que no en- tienden la profecía y tiene miedo a preguntar, los discípulos de Mateo 17:23 la entienden muy bien.

17:24-27 El impuesto para el Templo. Prenguntado sobre si Jesús pa- gaba el impuesto para el sostenimiento del Templo de Jerusalén y para los sacrificios que se ofrecían en él (cf. Ex 30:11-16; Neh 10:32-33), Pedro, como portavoz de Jesús, responde afirmativamente (vv. 24-25a). Pero la historia deja bien claro que Jesús no tenía obligación de hacerlo. La com- paración usada en los versículos 25b-26 se basa en la identificación de Jesús como Hijo de Dios. Así como los reyes cobran impuestos de los extraños y no de sus propios hijos, así Dios (cuya casa es el Templo de Jerusalén) pide impuestos de la gente en general, pero no de su Hijo Jesús. La historia acaba en el versículo 27 con el milagro que produce el dinero para pagar el impuesto.

Aunque Jesús no tenía obligación de pagar el impuesto del Templo, lo pagaba para no escandalizar a nadie. Después del año 70 A.D. cuando el Templo de Jerusalén había sido destruido y el dinero del impuesto se usaba para mantener el templo pagano del Júpiter Capitolino de Roma, esta historia sería un consejo para los judíos de la comunidad de Mateo. Como hijos de Dios en Jesús que son libres, no tienen obligación de pagar el impuesto, pero deben hacerlo para evitar problemas.

X. CONSEJOS PARA LA COMUNIDAD DIVIDIDA

Mt 18:1-35

El cuarto de los cinco grandes discursos de Jesús (cf. cc. 5-7; 10; 13; 24-25) puede bien ser titulado ''los consejos de Mateo para una comuni-

tarle: "¿Quién es el más grande en el Reino de los Cielos?"

²Entonces Jesús llama a un niñito, lo coloca en medio de los discípulos, ³y dice: "Les aseguro que si no cambian y vuelven a ser como niños, no podrán entrar al Reino de los Cielos. ⁴El que se hace pequeño como este niño, ése es el más grande en el Reino de los Cielos,

⁵y el que recibe en mi Nombre a un niño como éste, a mí me recibe.

⁶Si alguien hace tropezar y caer a uno de estos pequeños que creen en mí, mejor le sería que le amarraran al cuello una gran piedra de moler y que lo hundieran en los más hondo del mar. ⁷¡Ay del mundo que es causa de tantas caídas! Es necesario que se presen-

dad dividida''. El evangelista ha tomado material de fuentes diversas y lo ha ordenado para dar dirección a las comunidades cristianas a medida que se enfrentan a problemas de luchas por el poder y los honores, escándalos, caídas, reconciliación, y perdón. Las dos grandes secciones de este discurso tratan del cuidado de los ''pequeños'' (18:1-14) y de la actitud apropiada hacia los miembros de la comunidad que han pecado (18:15-35).

18:1-4 Grandeza en el Reino de Dios (cf. Mc 9:33-37; Lc 9:46-48). La pregunta de los discípulos sobre quién es el más grande en el Reino de Dios (v. 1) sirve de ocasión para el discurso. La pregunta nacía de la preocupación social de los judíos de ese tiempo en que se discutía sobre los honores en el reino futuro. La comunidad religiosa del Mar Muerto que nos ha dado los famosos manuscritos se sentaba a la mesa de acuerdo con el rango de sus miembros. Las comidas debían ser un anticipo de lo que sucedería al llegar el Reino de Dios.

Para responder a la pregunta de los discípulos, Jesús toma a un niño y lo pone como modelo (v. 3). En la sociedad antigua el niño no tenía derechos legales ni rango; dependía totalmente de sus padres. El niño lo recibía todo como regalo. En el Reino de Dios el rango y el prestigio no dan derechos especiales; solamente aquellos que se dan cuenta de esto, y reciben el Reino como un don de Dios, entrarán en él (v. 4). El niño sirve de modelo para los que no tienen derechos legales sobre el Reino; no es aquí modelo de inocencia y humildad. Toda especulación sobre rango en el Reino y sobre el presente como modelo del futuro son rechazados como concepciones erróneas de Dios y de su Reino.

18:5-10 El escándalo de los pequeños (cf. Mc 9:42-48; Lc 17:1-2). En esta sección, la palabra ''niño'' tiene sentido diferente. En los primeros versículos se refería a personas sin derechos legales; aquí se refiere a los miembros sencillos y buenos de la comunidad que pueden ser llevados al error. La frase de Jesús sobre recibir a un niño, en el versículo 5, expresa la identidad de los pequeños con Jesús. Está en ellos de un modo especial. Los que los llevan al error reciben tres duros avisos: (1) La muerte

ten estos escándalos, pero, ¡ay del que hace caer a los demás!

⁸Si tu mano o tu pie te arrastra al pecado, córtatelo y tíralo lejos; pues es mejor para ti entrar a la Vida manco o cojo, que ser echado al fuego eterno con tus dos manos y tus dos pies. ⁹Y si tu ojo te arrastra al pecado, arráncalo y tíralo; es mejor para ti entrar tuerto a la Vida que ser arrojado con tus dos ojos al fuego del Infierno.

¹⁰Tengan cuidado de despreciar a alguno de estos pequeños, pues les digo que sus ángeles en el Cielo, contemplan sin cesar la cara de mi Padre que está en los Cielos. ¹¹Porque el Hijo del Hombre ha venido a salvar lo perdido.

¹²¿Qué les parece? Si un hombre tiene cien ovejas y una de ellas se extravía ¿no deja las noventa y nueve por los cerros y parte a buscar la extraviada? ¹³Y yo les digo que, cuando por fin la encuentra, se alegra más por ella que por las noventa y nueve que no se extraviaron. ¹⁴Pasa lo mismo donde el Padre de ustedes, que está en los Cielos: allá no quieren que se pierda ninguno de estos pequeñitos.

Cómo conviven los hermanos en la fe

¹⁵Si tu hermano ha pecado contra ti, anda a hablar con él a solas. Si te escucha, has ganado a tu hermano. ¹⁶Si no te escucha, lleva contigo a dos o

es preferible a ser causa de que uno de los pequeños abandone el discipulado (v. 6). (2) La responsabilidad personal por el escándalo no se puede eludir, aunque el escándalo sea inevitable (v. 7) (3) Cualquier cosa—hasta perder un pie, una mano, o un ojo—es preferible a dar escándalo a la comunidad (vv. 8-9). Este tercer aviso puede suponer la imagen de la comunidad como Cuerpo de Cristo del cual los miembros que pecan de este modo deben ser exluidos o excomulgados. El pasaje se cierra en el versículo 10 del mismo modo que comenzó en el versículo 5 con una referencia al cuidado especial de Dios por los ''pequeños''.

18:12-14 Los pequeños que se pierden (cf. Lc 15:3-7). ¿Qué sucede cuando uno de los pequeños se pierde? Esta sección compara a Dios con el pastor que busca la oveja perdida. La búsqueda no siempre tiene éxito (''cuando por fin la encuentra'', v. 13), pero la vuelta de la extraviada da gran alegría a Dios. Dios no quiere que ninguno de los pequeños se pierda o se condene (v. 14). El texto distingue entre los que se pierden y los que perecen.

18:15-17 Reconciliación del pecador. La segunda gran sección del cuarto discurso de Jesús (18:15-35) trata de las actitudes hacia los miembros de la comunidad que ha pecado. La primera parte (18:15-17) especifica los pasos a tomar cuando un cristiano peca contra otro. En cada paso (diálogo personal, ante testigos, ante la comunidad en pleno), la meta es ganar al cristiano para que vuelva a la comunidad. Hasta la medida drástica de la excomunión pretendía mover al pecador a buscar la reconciliación. Medidas parecidas se tomaban en la comunidad religiosa del Mar Muerto, de acuerdo con el Deuteronomio 19:15. El que la persona

tres *de modo que el caso se decida por boca de dos o tres testigos.* [17]Si se niega a escucharlos, dilo a la Iglesia reunida. Y si tampoco lo hace con la Iglesia, será para ti como un pagano o un publicano.

[18]Yo les digo: todo lo que aten en la tierra, el Cielo lo tendrá por atado, y todo lo que desaten en la tierra, el Cielo lo tendrá por desatado.

[19]Asimismo, si en la tierra dos de ustedes unen sus voces para pedir cualquier cosa, estén seguros que mi Padre Celestial se la dará. [20]Pues donde hay dos o tres reunidos en mi Nombre, ahí estoy yo en medio de ellos''.

[21]Entonces Pedro se acercó y le dijo: ''Señor, ¿cuántas veces debo perdonar las ofensas de mi hermano? ¿Hasta siete veces?'' [22]Jesús le contestó: ''No digas siete veces, sino hasta setenta y siete veces''.

El que no perdonó a su compañero

[23]''Por eso sucede en el Reino de los Cielos lo mismo que pasó con un rey que resolvió arreglar cuentas con sus empleados. [24]Cuando estaba empezando a hacerlo, le trajeron a uno que debía diez millones de monedas de oro. [25]Como el hombre no tenía para pagar,

excomulgada sea mirada como un gentil o recaudador de impuestos, en el versículo 17, nos parece extraña, al tener en cuenta la apertura de Jesús hacia esos grupos. Aquí los considera simplemente como personas que estaban fuera del curso normal de la vida religiosa de los judíos.

18:18-20 Atar y desatar. En el contexto presente de una comunidad dividida, la enseñanza sobre atar y desatar (v. 18), y sobre la reunión de dos o tres en el nombre de Jesús (vv. 19-20), probablemente se refiere al poder de la comunidad de excluir a los miembros errantes como último recurso. En el versículo 18, los discípulos (cf. v. 16:19 donde sólo Pedro recibe ese poder) reciben la promesa de que Dios respaldará sus decisiones en la tierra. En los versículos 19-20, el acuerdo de la comunidad reunida en oración será aceptado por Dios como válido, ya que Dios está presente de un modo especial en la oración de la comunidad. El dolor de excluir al que ha ignorado a la comunidad queda de algún modo compensado por la confianza de que Dios ha aprobado la decisión.

18:21-35 El perdón. Después de tratar el caso extremo de un miembro incorregible y del castigo supremo de la excomunión, el discurso se vuelve hacia los casos ordinarios de perdón y reconciliación en la comunidad. La situación es la misma del versículo 18:15: ''Si tu hermano ha pecado contra ti . . .''. En este caso, el pecador escucha al ofendido o a los testigos o a la comunidad. ¿Cuántas veces deberá ser perdonado? Una vez más Pedro sirve de portavoz del grupo y responde a su propia pregunta con una respuesta que él considera muy generosa: Siete veces (v. 21). Jesús corrige a Pedro respondiendo: Setenta veces siete (490 veces). No hay que tomar el número al pie de la letra. Los cristianos no tienen derecho a poner límites al perdón.

el rey dispuso que fuera vendido como esclavo, junto con su mujer, sus hijos y todas sus cosas, para pagarse de la deuda.

²⁶El empleado se arrojó a los pies del rey, suplicándole: "Ten paciencia conmigo y yo te pagaré todo". ²⁷El rey se compadeció, y no sólo lo dejó libre, sino que además le perdonó la deuda.

²⁸Pero apenas salió el empleado de la presencia del rey, se encontró con uno de sus compañeros que le debía cien monedas; lo agarró del cuello y casi lo ahogaba, gritándole: "Paga lo que me debes". ²⁹El compañero se echó a sus pies y le rogaba: "Ten un poco de paciencia conmigo y yo te pagaré todo". ³⁰Pero el otro no aceptó. Al contrario, lo mandó a la cárcel hasta que le pagara toda la deuda.

³¹Los compañeros, testigos de esta escena, quedaron muy molestos y fueron a contarlo todo a su patrón. ³²Entonces, el patrón lo hizo llamar y le dijo: "Siervo malo, todo lo que me debías te lo perdoné en cuanto me lo suplicaste. ³³¿No debías haberte compadecido de tu compañero como yo me compadecí de tí?" ³⁴Y estaba tan enojado el patrón, que lo entregó a la justicia, hasta que pagara toda su deuda.

³⁵Y Jesús terminó con estas palabras: "Así hará mi Padre Celestial con ustedes, si no perdonan de corazón a sus hermanos".

Jesús habla del matrimonio y de la continencia "por el Reino"

19 ¹Después de dar estas enseñanzas, Jesús partió de Galilea y fue a los territorios de Judea que quedan al otro lado del Jordán. ²Una gran multitud lo siguió y allí sanó a los enfermos. ³Se le acercaron unos fariseos, con

---

La parábola del siervo infiel (vv. 23-25) explica porqué los cristianos no deben poner límites a su perdón. Esta parábola pone en forma de historia la petición del padrenuestro: "Perdona nuestras ofensas como también nosotros perdonamos a los que nos ofenden" (6:12). En otras palabras, el perdón de Dios está condicionado por nuestro perdón a los demás (cf. 6:14-15). Las acciones del rey de la parábola lo identifican con Dios. Pide cuentas (v. 23), es llamado señor (v. 26), y muestra gran misericordia al perdonar la deuda inmensa (v. 27). A pesar de ser así el rey, su siervo cruel no aprendió de su ejemplo, y su crueldad hacia su compañero resultó en la cancelación de su propio perdón (vv. 34-38). La historia nos advierte que Dios no cancelará su perdón si nosotros no perdonamos (v. 35). Los que no perdonan quedan fuera de la misericordia divina. Los que desean recibir la misericordia de Dios deben tener misericorida de los demás.

XI. OPOSICION CRECIENTE A JESUS

Mt 19:1–23:39

19:1-12 Matrimonio y divorcio (cf. Mc 10:1-12). El cuarto discurso acaba como los demás ("Después de dar estas enseñanzas"), y Jesús pasa a

ánimo de probarlo, y le preguntaron: "¿Está permitido al hombre despedir a su esposa por cualquier motivo?"

⁴Jesús respondió: "¿No han leído que el Creador en el principio, *los hizo hombre y mujer* ⁵y dijo: *El hombre dejará a su padre y a su madre, y se unirá con su mujer, y serán los dos uno solo?* ⁶De manera que ya no son dos, sino uno solo. Pues bien, lo que Dios ha unido, no lo separe el hombre".

⁷Pero ellos preguntaron: "Entonces, ¿por qué Moisés ordenó que se firme un certificado cuando haya divorcio?"

⁸Jesús contestó: "Porque ustedes son duros de corazón, Moisés les permitió despedir a sus esposas, pero no es ésa la ley del comienzo.

⁹Por tanto, yo les digo que el que despide a su mujer, fuera del caso de infidelidad, y se casa con otra comete adulterio".

¹⁰Los discípulos dijeron: "Si ésa es la condición del hombre con la mujer, más vale no casarse". ¹¹El les contestó: "No todos comprenden lo que acaban de

territorio de Judea (19:1). Para Mateo, como para Marcos, Galilea es lugar de revelación (cf. 4:12-17) y Judea es lugar de rechazo y de muerte. Jesús sigue atrayendo grandes multitudes y sanando a los enfermos.

Para tentar a Jesús, los fariseos le preguntan sobre el matrimonio y el divorcio. Las palabras que usan ("por cualquier motivo") ponen la enseñanza de Jesús en el contexto del debate judío sobre las razones para el divorcio. Según el Deuteronomio 24:1, el esposo escribía los términos del divorcio y los presentaba a su esposa, acabando el matrimonio. Las razones para el divorcio en el Deuteronomio 24:1 ("Por algún defecto notable que descubre en ella") son vagas. En tiempos de Jesús, una opinión limitaba el divorcio a casos de adulterio por parte de la mujer, mientras que otra era más libre en su interpretación de modo que una mujer pudiera ser repudiada si era mala cocinera osi era fea. Se suponía que los divorciados podían casarse de nuevo, aunque el manuscrito del Mar Muerto sobre el Templo indica que esto no se permitía en algunas sectas judías.

La presentación de Mateo de la enseñanza de Jesús sobre el matrimonio y el divorcio en los versículos 4-9 cita en primer lugar el Génesis 1:27 (v. 4) y el Génesis 2:24 (v. 5) para indicar que en plan original de la creación, Dios quiso un matrimonio indisoluble, y ningún ser humano puede cambiarlo (v. 6). En el antiguo testamento (Dt 24:1-4), el divorcio se permitía como una concesión a la debilidad humana. Esta no fue la intención original de Dios (vv. 7-8). De nuevo Jesús se presenta como intérprete oficial de la Ley, y en el versículo 9 prohibe sin condiciones el divorcio y el volverse a casar, excepto "en caso de infidelidad"—refiriéndose probablemente a los matrimonios dentro de los grados de parentesco prohibidos por la Ley en el Levítico 18:6-18 (cf. comentario sobre Mt 5:32). No hay duda de que Jesús consideraba el matrimonio como indisoluble (cf.

decir, sino solamente los que reciben este don. [12]Hay hombres que nacen incapacitados para casarse. Hay otros que fueron mutilados por los hombres. Hay otros que por amor al Reino de los Cielos han descartado la posibilidad de casarse. ¡Entienda el que pueda!"

[13]Entonces trajeron a Jesús algunos niños para que les impusiera las manos y rezara por ellos. Pero los discípulos reprendieron a esa gente. [14]Jesús dijo: "Dejen a esos niños y no les impidan que vengan a mí, porque el Reino de los Cielos es de los que se asemejan a los niños". [15]En seguida, les impuso las manos y siguió su camino.

El joven rico

[16]En ese momento se le acercó uno y le dijo: "Maestro, ¿qué obras buenas debo hacer para conseguir la vida eterna?" [17]Jesús contestó: "¿Por qué me preguntas sobre lo que es bueno? Uno solo es el Bueno. Si quieres entrar en la vida eterna, cumple los mandamientos". [18]El joven dijo: "¿Cuáles?" Jesús respondió: *No matar, no cometer adulterio, no hurtar, no levantar testimonio falso, [19]honra a tu padre y madre y amar al prójimo como a sí mismo".*

[20]El joven le dijo: "He guardado todos esos mandamientos, ¿qué más me falta?" [21]Jesús le dijo: "Si quieres lle-

Mc 10:11-12; Lc 16:18; 1 Cor 7:10-11). No es fácil determinar si Jesús en este caso estaba ofreciendo un ideal o estableciendo un mandamiento.

La enseñanza de Jesús sobre este tema era tan radical (deja a un lado Dt 24:1-4) que lleva a los discípulos en el versículo 10 a preguntar si vale la pena casarse. En el versículo 19:11, Jesús declara que el celibato es un don de Dios, aunque no para todos (v. 11). Según el versículo 12, el celibato es la respuesta cristiana a la experiencia del Reino de Dios revelado en la enseñanza y el ejemplo de Jesús; no se basa en un sospecha machista sobre las mujeres, la pureza cultural, o las exigencias de la vida en comunidad. La comunidad religiosa del Mar Muerto incluía a personas casadas y célibes.

19:13-15 Los Niños y el Reino (cf. Mc 10:13-16; Lc 18:15-17). Jesús era considerado un santo; por eso buscaban su bendición sobre los niños (v. 13). Se suponía que la santidad salía de él y se comunicaba a otros. Jesús aprovecha la ocasión para dar una enseñanza sobre la recepción del Reino. Como en 18:1-4, el niño representa a los que no tienen derechos legales, los que reciben todo como un don. El Reino es para los que no tienen pretensiones de estado o superioridad, para los que reconocen que es un don.

19:16-30 La riqueza y el Reino (cf. Mc 10:17-31; Lc 18:18-30). El tema de la riqueza como obstáculo a la perfección del discípulo aparece en el encuentro de Jesús con el joven rico. Cuando le pregunta qué es necesario para obtener la vida eterna, Jesús le invita al joven ("Si quieres entrar en la vida eterna") a obtener la vida eterna guardando los diez mandamientos y el mandamiento de amar al prójimo como a sí mismo (vv. 16-20). Cuando el joven contesta que ha observado ya estos mandamientos,

gar a la perfección, anda a vender todo lo que posees y dáselo a los pobres. Así tendrás un tesoro en el Cielo, y luego vuelves y me sigues".

²²Cuando el joven oyó esta respuesta, se fue triste, porque era muy rico. ²³Entonces Jesús dijo a sus discípulos: "Créanme que a un rico se le hace muy difícil entrar al Reino de los Cielos". ²⁴Se lo repito, es más fácil para un camello pasar por el ojo de una aguja, que para un rico entrar al Reino de los Cielos".

²⁵Al oír esto, los discípulos se quedaron asombrados y decían: "Entonces, ¿quién puede salvarse?" ²⁶Fijando en ellos su mirada, Jesús les dijo: "Para los hombres es imposible, pero para Dios todo es posible".

²⁷Entonces Pedro tomó la palabra y dijo: "Sabes que nosotros lo dejamos todo para seguirte: ¿qué habrá para nosotros?"

²⁸Jesús contestó: "A ustedes, que me siguieron, les digo esto: En el día de la Renovación, cuando el Hijo del Hombre se siente en su trono de gloria, ustedes también se sentarán en doce tronos, para juzgar a las doce tribus de Israel. ²⁹Y todo el que deja casas, hermanos, hermanas, padre, madre, hijos o propiedades, por amor de mi Nombre, recibirá cien veces lo que dejó y tendrá por herencia la vida eterna. ³⁰Muchos que ahora son los primeros serán entonces los últimos, y muchos que ahora son los últimos, serán los primeros".

Jesús le invita a un nuevo nivel de perfección ("Si quieres llegar a la perfección") en el versículo 21. Por eso, para el discípulo de Jesús, la perfección incluye el distribuir la riqueza entre los pobres y el compartir la inseguridad y la confianza que eran características de Jesús y de sus primeros discípulos. El joven no pudo aceptar la invitación de Jesús a un nuevo nivel de perfección más elevado que la observancia de la ley (v. 22).

La inhabilidad del joven rico para aceptar el desafío de Jesús sirve de cuadro para enseñanzas generales sobre la riqueza como obstáculo para el discipulado en los versículos 23-26. No sólo es difícil para los ricos entrar en el Reino de Dios (v. 23) sino que es prácticamente imposible, como lo explica claramente con el ejemplo del "ojo de una aguja" en el versículo 24. La sorpresa de los discípulos en el versículo 25 proviene de que consideraban la riqueza como señal del favor divino. En el versículo 26 Jesús enseña que nadie puede entrar en el Reino por sus posesiones o sus esfuerzos; el Reino es don de Dios.

Una vez más, como portavoz del grupo, Pedro pregunta sobre el premio por haber respondido al desafío de Jesús a la pobreza radical (vv. 27-30). Pedro había dejado sus redes y su familia en Galilea (cf. 4:18-22). No hay que ignorar el riesgo y el sacrificio de los primeros discípulos de Jesús. En la nueva era de "la Renovación" y del Reino, compartirán la gloria del Hijo del Hombre (v. 28) y serán recompensados con una comunidad social y religiosa mejor (v. 29). La frase final sobre el cambio de posiciones entre los primeros y los últimos (v. 30) se explicará en la parábola siguiente.

Los que fueron a trabajar a la viña

20 ¹Con relación a esto, sucede en el Reino de los Cielos lo mismo que pasó con un jefe de familia que salió de madrugada a contratar trabajadores para su viña. ²Aceptaron el sueldo que les ofrecía (una moneda de plata al día), y los envió a su viña.

³Salió después cerca de las nueve de la mañana, y se encontró en la plaza con otros que estaban desocupados. ⁴Y les dijo: ''Vayan ustedes también a mi viña y les pagaré lo que corresponda''. Y fueron a trabajar.

⁵El patrón salió otras dos veces, como al mediodía y como a las tres de la tarde, en busca de más trabajadores. ⁶Finalmente, salió a eso de las cinco de la tarde, y vio a otros que estaban sin hacer nada, y les dijo: ''¿Por qué pasan todo el día ociosos?'' ⁷Contestaron ellos: ''Porque nadie nos ha contratado.'' Dijo el patrón: ''Vayan también ustedes a mi viña''.

⁸Al anochecer, dijo el dueño de la viña a su mayordomo: ''Llama a los trabajadores y págales su jornal, empezando por los últimos y terminando por los primeros''. ⁹Se presentaron los que habían salido a trabajar a las cinco de la tarde, y a cada uno se le dio un denario (una moneda de plata). ¹⁰Cuando finalmente llegaron los primeros, se imaginaron que iban a recibir más; pero recibieron también un denario. ¹¹Por eso, cuando se lo dieron, empezaron a protestar contra el patrón.

¹²Decían: ''Los últimos apenas trabajaron una hora y les pagaste igual que a nosotros, que soportamos el peso del día y del calor''. ¹³El patrón contestó a uno de ellos: ''Amigo, no he hecho nada injusto, ¿no convinimos en un denario al día? ¹⁴Entonces, toma lo que te

20:1-16 La parábola del buen patrón. La parábola de 20:1-15 queda enmarcada con dos referencias a los primeros y los últimos en 19:30 y 20:16; en el contexto del premio de los discípulos (19:27), el evangelista explica la promesa de Jesús de que los discípulos que ahora son considerados últimos, serán los primeros al recibir el premio (20:8). En el contexto del ministerio de Jesús, la parábola fue probablemente dirigida a los enemigos que le criticaban porque predicaba la buena noticia a los publicanos y pecadores. En ese contexto la parábola puede titularse ''el buen patrón''. El patrón es Dios que se revela en su representante Jesús.

El buen patrón contrata a los trabajadores al amanecer por el salario diario de un denario y los envía a trabajar a su viña (vv. 1-2). Otros trabajadores, en los versículos 3-7, son contratados a diferentes horas del día (media mañana, mediodía, media tarde, y final de la tarde) pero no se determina su salario (''lo que corresponda''). En el versículo 8, el patrón manda que se pague a los trabajadores comenzando con los últimos contratados y que todos reciban el mismo salario (v. 11). El dueño responde a las quejas de los que trabajaron todo el día (vv. 11-12), que él ha sido justo pagándoles el salario convenido (vv. 13-14); no tienen derecho a quejarse porque quiera ser generoso con los otros (v. 15).

La justicia y la generosidad de Dios sirven para explicar porqué Jesús predicaba el Reino a todos, a los piadosos y las ovejas descarriadas de

corresponde y márchate. Me gusta dar al último tanto como a ti: ¹⁵¿no tengo derecho a hacer lo que quiero con mi dinero? ¿Por qué ves con malos ojos que yo sea bueno?''

¹⁶Así sucederá: los últimos serán los primeros, y los primeros serán los últimos''.

Tercer anuncio de la Pasión

¹⁷Jesús, al empezar el viaje para Jerusalén, tomó aparte a sus ''Doce'' apóstoles y les dijo en el camino: ¹⁸''Miren: vamos a Jerusalén. Allí el Hijo del Hombre debe ser entregado a los jefes de los sacerdotes y a los maestros de la Ley, que lo condenarán a muerte. ¹⁹Lo entregarán a los paganos, para que se burlen de él, lo azoten y lo crucifiquen. Pero él resucitará al tercer día''.

Santiago y Juan piden los primeros puestos

²⁰Entonces la madre de Santiago y Juan se acercó con ellos a Jesús y se arrodilló para pedirle un favor. ²¹Jesús le dijo: ''¿Qué quieres?'' Y ella respondió: ''Aquí tienes a mis dos hijos. Manda que, en tu reino, se sienten uno a tu derecha y otro a tu izquierda''.

²²Jesús contestó a los hermanos: ''No saben lo que piden. ¿Pueden ustedes beber la copa que yo tengo que beber?'' Ellos respondieron: ''Podemos''. ²³Jesús replicó: ''Ustedes beberán mi copa, pero a mí no me corresponde concederles que se sienten a mi derecha y a mi izquierda. Eso será para quienes el Padre lo haya dispuesto''.

²⁴Al oír esto los otros diez, se enojaron con los dos hermanos. ²⁵Pero Jesús los reunió y les dijo: ''Ustedes saben que los jefes de las naciones se portan como dueños de ellas y que los poderosos las oprimen.

²⁶Entre ustedes no será así; al contrario, el que aspire a ser más que los demás, se hará servidor de ustedes. ²⁷Y el que quiere ser el primero, debe hacerse esclavo de los demás. ²⁸A imita-

Israel (cf. 10:6). Si aceptan su mensaje, todos recibirán la misma participación en el Reino de Dios.

20:17-19 La tercera predicción de la pasión (cf. Mt 10:32-34; Lc 18:31-34). La tercera predicción de la pasión tiene lugar en el camino a Jerusalén que pasaba por la región montañosa. Esta predicción es más detallada que las anteriores (cf. 16:21; 17:22-23) y dice explícitamente que los judíos y los paganos atormentarán a Jesús. La versión de Mateo especifica que Jesús morirá crucificado.

20:20-28 Los primeros puestos en el Reino (cf. Mc 10:35-45). Vuelve a aparecer el tema de las posiciones en el Reino (cf. 18:1-4) cuando la madre de Santiago y Juan pida que sus hijos tengan un lugar especial en el Reino. En Marcos 10:35-37, los dos hermanos son los que hacen la petición por su cuenta. Jesús responde en los versículos 22-23 que, (1) para compartir el Reino, los discípulos deben compartir su copa de sufrimiento, y (2) que no es prerrogativa suya el asignar los puestos de prominencia en el Reino. La indignación de los demás discípulos en el versículo 24 da ocasión para que Jesús enseñe el servicio como liderazgo en su comunidad. El liderazgo como poder que existe entre los paganos (''los jefes de las naciones se portan como dueños . . . y que los poderosos las oprimen'') es con-

ción del Hijo del Hombre, que no vino para que lo sirvieran, sino para servir y dar su vida como rescate de una muchedumbre''.

²⁹Al salir ellos de Jericó, les iba siguiendo una multitud de gente. ³⁰Dos ciegos estaban sentados a la orilla del camino y, cuando oyeron que pasaba Jesús, comenzaron a gritar: ''¡Señor, hijo de David, ten piedad de nosotros!'' ³¹La gente les decía: ''Cállense''. Ellos, por el contrario, gritaban más fuerte: ''¡Señor, hijo de David, ten compasión de nosotros!''

³²Jesús se detuvo, los llamó y les preguntó: ''¿Qué quieren que yo haga por ustedes?'' ³³Ellos dijeron: ''Señor, que se abran nuestros ojos''.

³⁴Jesús tuvo compasión y les tocó los ojos. Y al momento recobraron la vista y siguieron a Jesús.

Jesús entra en Jerusalén

21 ¹Estaban ya cerca de Jerusalén. Cuando llegaron a Betfagé, junto al monte de los Olivos, ²Jesús envió a dos discípulos, diciéndoles: ''Caminen hasta el pueblecito que está al frente y encontrarán una burra atada con su burrito al lado. Desántenla y tráiganmela. ³Si alguien les dice algo, contéstenle: El Señor los necesita, pero pronto los devolverá''.

⁴Esto sucedió para que se cumpliera lo dicho por el profeta:

trastado con el señorío según el modelo de Jesús, el esclavo y siervo de todos (vv. 25-27). El liderazgo como servicio hacia los demás se funda en el ejemplo de Jesús y de su muerte ''como rescate''.

20:29-34 Curación de dos ciegos (cf. Mc 10:46-52; Lc 18:35-43). La narración de la curación de los dos ciegos de Jericó es parecida a la del ciego Bartimeo de Marcos 10:46-52; hay también marcadas diferencias. Mateo habla de dos ciegos (algo semejante puede verse en 8:28); pone más énfasis sobre la fe en el poder de Jesús que en la curación misma. Hablan a Jesús en los versículos 30, 31, y 33, con un lenguaje de oración. Le llaman ''Señor'' e ''Hijo de David''. La ironía está en que los que están físicamente ciegos tienen más visión espiritual y reconocen con fe quién es Jesús verdaderamente. Jesús es para ellos el sanador misericordioso que les da la vista física (v. 34); ellos se unen al grupo de discípulos.

21:1-11 El Mesías entra en Jerusalén (cf. Mc 11:1-11; Lc 19:28-38; Jn 12:12-19). La entrada de Jesús en Jerusalén se hace por el este, desde el Monte de los Olivos, que estaba relacionado con el ''Día del Señor'' en Zacarías 14:4. Mateo entendió el suceso como cumplimiento de Isaías 62:11 y Zacarías 9:9 (Mt 21:5). Isaías 62:11 (''Digan a la Hija de Sión'') se cumple con el recibimiento entusiasta que la multitud da a Jesús (v. 8) y en el saludo como Hijo de David con las palabras del Salmo 118:25-26 (v. 9). Toda la ciudad está interesada en Jesús a quien identifican como el profeta de Galilea (vv. 10-11). La profecía de Zacarías 9:9 (''Tu rey viene hacia ti . . . humilde'') se cumple en la manera sencilla en que entra en la ciudad. Los dos animales de carga, el asno y el pollino (vv. 2 y 7),

⁵*Digan a la hija de Sión: "Mira que tu rey viene a ti con toda sencillez, montado en una burra, una burra de carga, junto a su burrito".*
⁶Los discípulos fueron, pues, siguiendo las instrucciones de Jesús, ⁷y trajeron la burra con su cría. Después le colocaron sus capas en el lomo y Jesús se sentó encima.
⁸Entonces la mayoría de la gente extendió sus capas en el camino; otros cortaban ramas de árboles y las ponían sobre el suelo. ⁹El gentío que iba delante de Jesús y el que le seguía exclamaba: *"¡Hosanah! ¡Viva el hijo de David! ¡Bendito sea el que viene, en el Nombre del Señor! ¡Hosanah, gloria en lo más alto de los cielos!"*
¹⁰Cuando Jesús entró en Jerusalén, la ciudad se alborotó. Preguntaban: "¿Quién es éste?" ¹¹Y la muchedumbre contestaba: "Este es el profeta Jesús, de Nazaret de Galilea".

Jesús limpia el Templo

¹²Después, Jesús entró al Templo y echó fuera a todos los que vendían y compraban en los patios. Derribó las mesas de los que cambiaban monedas, lo mismo que los puestos de los vendedores de palomas, y les declaró: ¹³"Dios dice en la Escritura: *Mi casa será llamada Casa de Oración.* Pero ustedes la han convertido *en cueva de ladrones".*
¹⁴También se le presentaron en el Templo ciegos y cojos, y Jesús los sanó.
¹⁵Viendo estas cosas tan asombrosas que Jesús acababa de hacer y a los niños que clamaban en el Templo: "¡Viva el hijo de David!", ¹⁶los sacerdotes principales y los maestros de la Ley se indignaron y le dijeron: "¿Oyes lo que dicen ésos?" "Perfectamente", les contestó Jesús. "Y ustedes, ¿no han leído nunca este texto: *Tú sacas tus alabanzas de los pequeñitos y de los que aún maman?"*

cumplen demasiado literalmente la doble mención del animal en el texto del antiguo testamento. La entrada de Jesús en Jerusalén es la entrada del Mesías, por lo que se ajusta totalmente a la profecía del antiguo testamento y a las esperanzas de los judíos, pero era, además, la entrada de una persona humilde, no la de un conquistador militar.

21:12-17 El Templo del Mesías (cf. Mc 11:15-19; Lc 19:45-48; Jn 2:13-22). Las primeras acciones del Mesías en la ciudad santa afectan al Templo de Jerusalén. Su acción de derribar las mesas de los vendedores en el atrio exterior (v. 12) se presenta también como cumplimiento de las profecías. Según Isaías 56:7, el Templo debía ser una casa de oración; según Jeremías 7:11, los negociantes lo han convertido en una cueva de ladrones.

Además de protestar simbólicamente contra la comercialización del Templo, Jesús cura a los ciegos y a los cojos. La presencia de ciegos y de cojos no era bien vista por los oficiales del Templo (cf. 2 Sam 5:8). Hasta ahora los fariseos han sido los principales enemigos de Jesús; desde ahora los principales sacerdotes y los ancianos van a ser sus mayores enemigos. Irritados por la acción de Jesús, las sanaciones en el área del Templo y por el entusiasmo popular, los enemigos le piden explicaciones a Jesús (v. 16). Jesús responde que el entusiasmo de los niños es el cumplimiento del salmo 8:3. Con ello, Jesús se va a Betania, un pueblecito al este de Jerusalén, en donde pasa la noche.

¹⁷Y dejándolos ahí, salió de la ciudad para ir a Betania, donde pasó la noche.

Maldición de la higuera

¹⁸Al regresar a la ciudad, muy de mañana, sintió hambre. ¹⁹Divisando una higuera cerca del camino, se acercó, pero no encontró sino hojas, y le dijo: "¡Jamás volverás a dar fruto!" Y al instante se secó la higuera.

²⁰Al ver esto, los discípulos dijeron maravillados: "¿Cómo se secó de repente la higuera?" ²¹Jesús les contestó: "En verdad les digo: si tiene realmente fe y no vacilan, no solamente harán lo que acabo de hacer con la higuera, sino que dirán a ese cerro: ²²¡Quítate de ahí y échate al mar!, y así sucederá. Todo lo que pidan con una oración llena de fe, lo conseguirán".

Jesús responde a las autoridades

²³Jesús había entrado al Templo, y estaba enseñando cuando los sumos sacerdotes y las autoridades judías fueron a su encuentro para preguntarle: "¿Con qué derecho haces todas estas cosas? ¿Quién te lo ha autorizado?"

²⁴Jesús les contestó: "Yo también les voy a hacer una pregunta, nada más. Si me la contestan, yo también les diré con qué autoridad hago todo esto:

21:18-22 La Maldición de la Higuera (cf. Mc 11:12-14, 20-24). La maldición de la higuera es la única acción de Jesús que produce un efecto negativo de destrucción. De hecho, es mejor considerarla como una acción simbólica o profética: cuando el Mesías vino a buscar frutos de justicia en la ciudad santa, no encontró nada. Esta acción anuncia la caída de Jerusalén y la destrucción del Templo en el año 70 A.D. El énfasis que Mateo pone sobre el carácter milagroso de la acción ("se secó de repente"), en los versículos 19 y 20, prepara el campo para los versículos 21-22 sobre el poder extraordinario de la oración acompañada de la fe. Los discípulos compartirán el poder de Jesús si tienen una fe como la suya. Como en otras ocasiones en el Evangelio de Mateo, especialmente en los capítulos 8–9, la revelación del poder milagroso de Jesús resulta en una enseñanza sobre la dinámica de la fe y la oración.

21:23-27 La autoridad de Jesús (cf. Mc 11:27-33; Lc 20:1-8). El debate sobre la autoridad de Jesús en los versículos 23-27 es el primero de una serie de controversias de Jesús con sus enemigos. La serie es interrumpida por tres parábolas en 21:28–22:14 y continúa en 22:15-46. En la primera controversia los enemigos son los jefes de los sacerdotes y los ancianos del pueblo. Este grupo será causa de la muerte de Jesús. La controversia se centra sobre la autoridad (v. 23) de Jesús al entrar en la ciudad, purificar el Templo, sanar a los ciegos y cojos, y al enseñar.

La respuesta de Jesús toma la forma de una pregunta a sus interrogadores (vv. 24-25). Les promete que responderá a su pregunta cuando ellos digan públicamente si el bautismo de Juan era de Dios o de los hombres. La pregunta de Jesús pone a sus enemigos a la defensiva: si dicen que "de Dios", admiten su ignorancia y falta de visión espiritual ya que no

²⁵Cuando Juan bautizaba, ¿lo había mandado Dios, o era cosa de hombres?'' Ellos reflexionaron interiormente: "Si contestamos que lo había mandado Dios, nos va a decir: Pues ¿por qué no creyeron en él? ²⁶Y se le decimos: Era cosa de hombres, debemos temer al pueblo, ya que todos consideran a Juan como un profeta''. ²⁷Y contestaron a Jesús: "No lo sabemos''. Entonces Jesús dijo: "Yo tampoco les digo con qué autoridad hago esto''.

La parábola de los dos hijos

²⁸Jesús agregó: "¿Qué les parece esto? Un hombre tenía dos hijos. Se dirigió al primero y le dijo: Hijo, hoy tienes que ir a trabajar a la viña. ²⁹Y él respondió: No quiero. Pero después se arrepintió y fue. ³⁰Luego el padre se acercó al otro y le mandó lo mismo. Este respondió: Voy, señor. Pero no fue''. ³¹Jesús, pues, preguntó: "¿Cuál de los dos hizo lo que quería el padre?'' Ellos contestaron: "El primero''. Y Jesús prosiguió: "En verdad, los publicanos y las prostitutas les preceden a ustedes en el Reino de los Cielos. ³²Porque Juan vino para indicarles el camino del bien y ustedes no le creyeron mientras que los publicanos y las prostitutas le creyeron; ustedes fueron testigos, pero ni con esto se arrepintieron y le creyeron.

hicieron suya la causa de Juan. Si dicen que era solamente "de los hombres'', corren el riesgo de la ira de mucha gente que consideraba a Juan profeta enviado de Dios. La pregunta de Jesús recibe el silencio por respuesta ("no lo sabemos''). Jesús los ha avergonzado y sale del debate lleno de gloria (v. 27). La controversia continúa el paralelismo entre Juan Bautista y Jesús. Los lectores de Mateo saben que Dios era la fuente de la autoridad de los dos, de Juan y de Jesús.

21:28-32 Los dos hijos. Las controversias son interrumpidas por tres parábolas que tratan de la culpabilidad de los enemigos de Jesús (vv. 28-32), el castigo que les espera (vv. 33-34), y la ejecución del castigo (22:1-14). La parábola de los dos hijos (vv. 28-32) supone que la predicación del Reino de Dios por Jesús es el momento culminante de la historia religiosa de Israel. Así como el segundo hijo inicialmente no escuchó la orden de su padre, pero luego se arrepintió y obedeció (v. 30), así los recaudadores de impuestos y las prostitutas (v. 31) se van arrepintiendo en respuesta a Jesús y van entrando en el Reino. Así como el primer hijo prometió obedecer pero no hizo nada (v. 29), así los enemigos declarados de Jesús no hacen nada para aceptar su mensaje del Reino. La culpabilidad de los enemigos se debe a su rechazo de la predicación de Jesús; están en claro contraste con la apertura y la decisión de los que ellos desprecian. El versículo 32 continúa el paralelismo entre Juan y Jesús: lo que enseña la parábola de los dos hijos, sucedía ya durante la predicación de Juan. La conversión de los recaudadores de impuestos y de los pecadores a una vida de santidad debería mover a los enemigos de Jesús a aceptar su predicación y a no mirarlo con hostilidad o como sospechoso.

Los viñadores asesinos

[33]Escuchen este otro ejemplo: Había un dueño de casa que plantó una viña, le puso cerca, cavó un lagar, levantó una casa para vigilarla, la alquiló a unos trabajadores y se fue a un país lejano. [34]Cuando llegó el tiempo de la vendimia, el dueño mandó a sus sirvientes donde los trabajadores, para que cobraran su parte de la cosecha. [35]Pero los trabajadores tomaron a los enviados, apalearon a uno, mataron a otro, y a otro lo apedrearon.

[36]El propietario volvió a enviar a otros servidores más numerosos que la primera vez, pero los trataron de la misma manera.

[37]Por último envió a su hijo, pensando: Respetarán a mi hijo. [38]Pero los trabajadores, al ver al hijo, se dijeron:

Este es el heredero; matémoslo y nos quedaremos con su herencia. [39]Lo tomaron, pues, lo echaron fuera de la viña y lo mataron.

[40]Ahora bien, cuando venga el dueño de la viña, ¿qué hará con ellos?'' [41]Los oyentes de Jesús le contestaron: ''Hará morir sin compasión a esa gente tan mala, y arrendará la viña a otros que le paguen a su debido tiempo''.

[42]Jesús agregó: ''¿No han leído nunca lo que dice la Escritura?: *La piedra que los constructores desecharon llegó a ser la piedra principal del edificio. Esa es la obra del Señor y nos dejó maravillados.*

[43]Por eso les digo que el Reino de los Cielos se les quitará a ustedes para dárselo a gente que rinda frutos; [44]y en cuanto a la piedra, el que se estrelle contra ella será hecho pedazos, y si la piedra cae sobre alguno, lo hará polvo''.

21:33-46 Los viñadores asesinos (cf. Mc 12:1-12; Lc 20:9-19). La parábola de los viñadores trata del castigo que les espera a los líderes religiosos y políticos de Israel. La parábola alude a la imagen de Israel como viña del Señor en Isaías 5:1-7; varias de las frases del versículo 33 han sido tomadas directamente del pasaje del antiguo testamento.

Dios es el dueño de la viña; ha alquilado su propiedad a los líderes religiosos y políticos. Muchos servidores (profetas) fueron enviados a la viña, pero todos encontraron un fin trágico (vv. 34-36). El dueño espera que por lo menos su hijo (Jesús) sea respetado. De hecho, recibe peor trato y es asesinado fuera de la viña (vv. 37-39). Cuando venga el dueño en persona castigará a los viñadores destruyéndolos (v. 41) y quitándoles su derecho a un lugar en el Reino de Dios (v. 43). La viña será alquilada a otros (la Iglesia), y el pueblo de Dios, en Cristo, producirá una cosecha abundante. El rechazo de Jesús por sus enemigos (''la piedra'') es la causa de su castigo. Esto hace que se cumpla el salmo 118:22 (v. 42). La comunidad de Mateo encontraría en esta parábola una explicación de la destrucción de Jerusalén por los romanos en el año 70 A.D. y una justificación de su derecho a ser el verdadero pueblo de Dios.

La frase sobre la piedra rechazada del versículo 44 no se encuentra en muchos de los manuscritos antiguos; quizás fue añadida copiando de Lucas 20:18 que es muy parecido a Mateo 21:42. Los principales enemigos de Jesús—los sumos sacerdotes y los fariseos—se dan cuenta de que

⁴⁵Al oír estos ejemplos de Jesús, los jefes de los sacerdotes y los fariseos comprendieron que se refería a ellos. ⁴⁶Hubieran deseado arrestarlo, pero tuvieron miedo al pueblo, que lo miraba como a un profeta.

Un rey celebraba las bodas de su hijo

22 ¹Jesús siguió poniéndoles ejemplos:

²"Pasa en el Reino de los Cielos lo que le sucedió a un rey que celebró las bodas de su hijo. ³Mandó a sus servidores a llamar a los invitados a las bodas, pero éstos no quisieron venir.

⁴Por segunda vez despachó a otros criados, con orden de decir a los invitados: Tengo listo el banquete, hice matar terneras y otros animales gordos y todo está a punto; vengan, pues, a las bodas. ⁵Pero ellos no hicieron caso, sino que se fueron, unos a sus campos y otros a sus negocios. ⁶Los demás tomaron a los criados del rey, los maltrataron y los mataron.

⁷El rey se enojó y, enviando a sus tropas, acabó con aquellos asesinos y les incendió la ciudad. ⁸Después dijo a sus servidores: El banquete de bodas está preparado, pero los que habían sido invitados no eran dignos. ⁹Vayan, pues, a las esquinas de las calles y conviden a la boda a todos los que encuentren.

¹⁰Los criados salieron inmediatamente a los caminos y reunieron a todos los que hallaron, malos y buenos, de modo que la sala quedó llena de invitados.

¹¹El rey entró después a ver a los que estaban sentados a la mesa, y se fijó en un hombre que no estaba vestido con

estas parábolas se dirigen a ellos (v. 45) pero tienen miedo a arrestar a Jesús porque la gente lo creía profeta (cf. 21:11, 26).

22:1-14 La boda real (cf. Lc 14:15-24). La parábola de la boda real vuelve a tratar del castigo de los enemigos de Jesús, especialmente en los versículos 5-7, y tiene varios elementos parecidos a los de la parábola de los viñadores. Una boda, o un banquete, era una imagen común para representar lo que iba a ser la vida en el reino futuro. El rey y su hijo claramente representan a Dios Padre y a Jesús. La invitación que han ofrecido los servidores del primer grupo (profetas) es rechazada (v. 3); la invitación del segundo grupo de servidores (quizás Juan Bautista y Jesús) sólo encuentra indiferencia y hostilidad (v. 5), de modo que esos siervos son asesinados (v. 6). La descripción del versículo 7 de la destrucción de los asesinos y de su ciudad por los ejércitos del rey sin duda recordaba a los lectores la destrucción de Jerusalén. Ya que los que eran oficial y públicamente la gente religiosa de Israel no habían aceptado la invitación al Reino de Dios, se ha hecho una invitación general (vv. 8-10) a toda clase de personas, incluidos los recaudadores de impuestos y las prostitutas (y quizás hasta los paganos).

La simple aceptación de la invitación no garantiza la participación en el banquete, como lo indica el incidente de los versículos 11-13. Se esperaba de los invitados a una boda que asistieran con vestido limpio y formal. Cuando el rey (Dios Padre) ve que uno no está vestido apropiadamente lo interroga con frialdad ("Amigo") y lo echa fuera. El haber sido recauda-

traje de fiesta. [12]Y le dijo: Amigo, ¿cómo entraste aquí sin traje de fiesta? Pero el otro se quedó callado.

[13]Entonces el rey dijo a sus servidores: Amárrenlo de pies y manos y échenlo fuera, a las tinieblas, donde no hay sino llanto y desesperación. [14]Sepan que muchos son los llamados, pero pocos los escogidos".

El impuesto debido al César

[15]Los fariseos hicieron consejo para ver el medio de hundir a Jesús con sus propias palabras. [16]Le enviaron, pues, discípulos suyos junto con algunos partidarios de Herodes.

Estos le dijeron: "Maestro, sabemos que hablas siempre con sinceridad y que enseñas el camino de Dios de acuerdo con la más pura verdad; no te preocupas de quién te oye ni te dejas influenciar por él. [17]Danos, pues, tu parecer: ¿está permitido o no pagar el impuesto al César?"

[18]Jesús comprendió su maldad y les contestó: "Hipócritas, ¿por qué me ponen trampas? [19]Muéstrenme la moneda con que se paga el impuesto".

Ellos, pues, mostraron un denario, [20]y Jesús les dijo: "¿De quién es esta cara y el nombre que está escrito?" Contestaron: "Del César". [21]Entonces Jesús

---

dor de impuestos o prostituta no da más derechos a la salvación que el haber sido fariseo o príncipe de los sacerdotes; uno debe recibir la invitación al Reino de Jesús y comportarse de tal modo que cuando comience el banquete se esté preparado para participar. En este contexto, el versículo 14 sugiere que la invitación al Reino se ha hecho a toda clase de personas pero que pocas se portan de modo que puedan participar en el banquete del Reino.

22:15-22 El impuesto debido al César (cf. Mc 12:13-17; Lc 20:20-26). Después de las tres parábolas dirigidas a los enemigos de Jesús, prosigue la serie de controversias. La segunda controversia trata del pago de tributos al emperador. Los que se oponen a Jesús son los fariseos, que por motivos religiosos se resistían a pagar impuestos a un gobierno extranjero, y los herodianos que quizás administraban el sistema de impuestos en Palestina. Los dos grupos se unen para atrapar a Jesús. Si Jesús dice que hay que pagar tributos, perderá la estima de los nacionalistas religiosos. Si dice que no hay que pagar, se expone a ser arrestado como revolucionario político.

Las fariseos y los herodianos se acercan a Jesús con la lisonja hipócrita en los labios (v. 16) y le preguntan si es lícito pagar impuestos al emperador (v. 17). Reconociendo su hipocresía (v. 18), Jesús evita la trampa pidiéndoles que le enseñen la moneda que tiene la imagen y el nombre del emperador (v. 17). El hecho mismo de que los fariseos y los herodianos usen moneda del emperador implica que deben pagarle impuestos (v. 21). Jesús, sin embargo, lleva el debate a un nivel más alto, al desafiarles a ser tan diligentes en dar a Dios lo que se merece como son diligentes en pagar sus impuestos al emperador. Los enemigos de Jesús son pues-

replicó: "Por tanto, den al César lo que es del César, y a Dios lo que a Dios corresponde".

²²Con esta respuesta quedaron muy sorprendidos. Lo dejaron y se fueron.

La resurrección de los muertos

²³Ese mismo día vinieron a él algunos de los saduceos. Estos no creen en la resurreción de los muertos y, por eso, le propusieron este caso:

²⁴"Maestro, Moisés dijo que si alguno muere y no tiene hijos, su hermano debe casarse con la viuda para darle un hijo, que será el heredero del difunto. ²⁵Sucedió que había entre nosotros siete hermanos. Se casó el mayor y murió; y como no tenía hijos, dejó su mujer a su hermano. ²⁶Lo mismo pasó con el segundo y el tercero, hasta el séptimo.

²⁷Y, después de todos ellos, murió también la mujer. ²⁸Ahora bien, cuando venga la resurrección de los muertos, ¿de cuál de los siete hermanos será esposa esta mujer, ya que lo fue de todos?"

²⁹Jesús contestó: "Ustedes andan muy equivocados, al no entender ni las Escrituras ni el poder de Dios. ³⁰Porque, primeramente, en la resurrección de los muertos, ni los hombres ni las mujeres se casarán, sino que serán como ángeles en el Cielo.

³¹Y, en cuanto a la resurrección de los muertos, ¿no se han fijado en esto que Dios les ha dicho: ³²*Yo soy el Dios de Abraham, de Isaac y de Jacob*. Dios no es Dios de muertos, sino de vivos".

³³El pueblo que lo oía estaba asombrado de sus enseñanzas.

tos al descubierto como hipócritas y falsamente religiosos; Jesús recibe gloria al haber reconocido su carácter y al haber evitado su trampa.

22:23-33 La resurrección (cf. Mc 12:18-27; Lc 20:27-40). La tercera controversia de la serie se enfoca sobre la creencia en la resurrección de los muertos. El partido conservador saduceo de los sacerdotes negaba la resurrección de los muertos porque no se mencionaba en el Pentateuco aunque sí en otros libros del antiguo testamento. Los saduceos sólo aceptaban como fuente de autoridad los primeros cinco libros de la Biblia. Referencias a la resurrección aparecen en Isaías 25:8; 26:19; Salmos 73:24-25 y Daniel 12:2.

La objeción de los saduceos en los versículos 24-28 alude a la práctica matrimonial del levirato descrita en Deuteronomio 25:5-10 (la obligación de un hombre de casarse con la viuda de su hermano) para que se vea lo absurdo que es creer en la resurrección. En lugar de desenredar su argumento, Jesús les acusa de no entender ni la Escritura ni el poder de Dios (v. 30), porque la vida resucitada será totalmente diferente de la vida presente. Como no habrá entonces matrimonios, el argumento matrimonial de los saduceos, basado en el levirato, no tiene sentido. Además, no entienden la Escritura (vv. 31-32), porque en Exodo 3:6 ("Yo soy el Dios de Abraham, el Dios de Isaac, el Dios de Jacob") se supone que los patriarcas de Israel seguían vivos en tiempo de Moisés. Por ello, la resurrección de los muertos se enseña en el Pentateuco.

³⁴Los fariseos vieron cómo Jesús había dejado callados a los saduceos y se pusieron de acuerdo para juntarse con él. ³⁵Uno de ellos, un maestro de la Ley, trató de probarlo con esta pregunta: ³⁶"Maestro, ¿cuál es el mandamiento más importante de la Ley?" ³⁷Jesús le respondió: *"Amarás al Señor tu Dios con todo tu corazón, con toda tu alma y con toda tu mente.* ³⁸Este es el primero y el más importante de los mandamientos. ³⁹Y después viene otro semejante a éste: *Amarás a tu prójimo como a ti mismo.* ⁴⁰Toda la Ley y los Profetas se fundamentan en estos dos mandamientos".

El Mesías, hijo de David

⁴¹Mientras estaban allí reunidos los fariseos, ⁴²Jesús les preguntó: "¿Qué piensan de Cristo? ¿De quién debe ser hijo?" Contestaron: "Será hijo de David". ⁴³Jesús agregó esta otra pregunta: "¿Cómo entonces David, inspirado por Dios, llama al Cristo *su Señor?* ⁴⁴Pues dice en un salmo: *El Señor ha dicho a mi Señor: Siéntate a mi derecha hasta que ponga a tus enemigos bajo sus pies.* ⁴⁵Si David lo llama *Señor,* ¿cómo entonces es hijo suyo?" Pero nadie pudo contestarle ni una palabra. ⁴⁶Desde ese

22:34-40 El mayor de los mandamientos (cf. Mc 12:28-34; Lc 10:25-28). La cuarta controversia gira en torno al mayor mandamiento del antiguo testamento. La pregunta la hacen los fariseos por medio de un maestro de la Ley (vv. 34-35). En tiempo de Jesús con frecuencia se les pedía a los maestros que condensaran la Ley en una frase corta. Por ejemplo, Hillel resumió la ley en una frase muy parecida a la llamada regla de oro de Jesús (cf. 7:12): "Lo que odias que te hagan a ti, no se lo hagas a tu prójimo. Esta es toda la Ley; lo demás es comentario. Vete y aprende". Jesús hace un resumen de la Ley en los dos mandamientos del amor a Dios (Dt 6:5) y de amor al prójimo (19:18). Estos dos mandamientos son los puntos en los que se apoya toda la Ley. Con esta respuesta, Jesús prueba su fidelidad a las tradiciones judías y su compromiso por una espiritualidad que se funda en lo más esencial.

22:41-46 El Mesías (cf. 12:35-37; Lc 20:41-44). En la quinta controversia de esta serie, Jesús pregunta a los fariseos sobre el Mesías. Le responden bien que el Mesías es hijo de David (v. 42). La pregunta que Jesús les hace en los versículos 43-44 supone (como lo suponían los judíos de su tiempo) que David había sido el autor principal del Libro de los Salmos y que las sagradas escrituras, por inspiración del Espíritu Santo, contenía predicciones para el futuro. En el Salmo 110:1, David habla del Mesías llamándole "Su Señor". Por esto, el Mesías debe ser superior a David, y el título de "Hijo de David" no dice todo lo que el Mesías es. Un título más apropiado es "Señor". Esta controversia, como las dos anteriores, demuestra la habilidad de Jesús para interpretar las escrituras; sus enemigos que creen entenderlas bien son reducidos al silencio (v. 46).

día no hubo quien se atreviera a hacerle más preguntas.

No imiten a los maestros de la Ley

23 ¹Entonces Jesús dirigió al pueblo y a sus discípulos el siguiente discurso:

²"Los maestros de la Ley y los fariseos se hacen cargo de la doctrina de Moisés. ³Hagan y cumplan todo lo que dicen, pero no los imiten, ya que ellos enseñan y no cumplen. ⁴Preparan pesadas cargas, muy difíciles de llevar, y las echan sobre las espaldas de la gente, pero ellos ni siquiera levantan un dedo para moverlas. ⁵Todo lo hacen para aparentar ante los hombres; por eso hacen muy anchas las cintas de la Ley que llevan colgando, y muy largos los flecos de su manto. ⁶Les gusta ocupar los primeros asientos en los banquetes y los principales puestos en las sinagogas; ⁷también les gusta que los saluden en las plazas y que la gente les diga: Maestro.

⁸No se dejen llamar *Maestro,* porque un solo Maestro tienen ustedes, y todos ustedes son hermanos. ⁹Tampoco

23:1-12 Avisos contra los maestros de la Ley y los fariseos (cf. Mc 12:38-40; Lc 20:45-47). Las controversias y las parábolas de esta sección culminan en un ataque fulminante contra los enemigos de Jesús en 23:1-39. El pasaje contiene una prevención contra la religiosidad de los maestros de la ley y los fariseos (vv. 1-12), siete "ayes" contra los escribas y los fariseos (vv. 13-36), y una lamentación final sobre Jerusalén (vv. 37-39). Los siete ayes han llevado a algunos a ver el capítulo 23 como introducción al quinto discurso de Jesús, de modo que los ayes correspondan a las bienaventuranzas del capítulo 5. Pero el cambio abrupto en audiencia y en contenido en el capítulo 24 indican que el capítulo que le precede va unido al tema precedente de los adversarios de Jesús.

El ataque de Jesús contra los escribas y los fariseos se hace en presencia de los discípulos del pueblo (v. 1). Los escribas era intelectuales religiosos, peritos en la interpretación del antiguo testamento y en aplicarlo a la vida diaria. Los fariseos eran miembros de una fraternidad religiosa que expresaba su comunión en comidas comunes y que se gloriaba por su observancia exacta de la ley. No todos los escribas eran fariseos ni todos los fariseos eran escribas. Una frase equivalente hoy a "escribas y fariseos" sería algo así como "teólogos y jesuítas". Los escribas y los fariseos ocupan la cátedra o silla de Moisés (vv. 2-3), que era una designación del lugar de honor desde el que los maestros enseñaban en la sinagoga. Se invita a los oyentes a escuchar la enseñanza y a evitar su hipocresía. Es difícil compaginar el versículo 3 con otros textos del Evangelio en los que se critica la enseñanza y no sólo las costumbres de los escribas y fariseos. Su imposición de un yugo sobre el pueblo contrasta con la carga ligera que impone Jesús (cf. 11:28-30).

Los versículos 5-10 critican a los adversarios de Jesús a quienes les gusta la ostentación y los títulos de honor. Entre sus prácticas llamativas esta-

deben decirle *Padre* a nadie en la tierra, porque un solo Padre tienen: el que está en el Cielo. ¹⁰Ni deben hacerse llamar *Doctor*, porque para ustedes Cristo es el Doctor único. ¹¹Que el más grande de ustedes se haga servidor de los demás. ¹²Porque el que se hace grande será rebajado, y el que se humilla será engrandecido.

Siete maldiciones contra los fariseos

¹³Por eso, ¡ay de ustedes, maestros de la Ley y fariseos hipócritas! Ustedes cierran a los hombres el Reino de los Cielos. No entran ustedes ni dejan entrar a los que se presenta.

¹⁴¡Ay de ustedes, maestros de la Ley y fariseos hipócritas! ¹⁵Ustedes recorren mar y tierra para lograr la conversión de un pagano y, cuando se ha convertido, lo hacen hijo del demonio, mucho peor que ustedes.

¹⁶¡Ay de ustedes, guías ciegos! Ustedes dicen: Jurar por el Templo no obliga, pero jurar por el tesoro del Templo, sí. ¹⁷¡Torpes y ciegos! ¿Qué vale más? ¿El oro del Templo o el Templo que lo convierte en un tesoro sagrado? ¹⁸Ustedes dicen: Si alguno jura por el altar, no queda obligado; pero si jura por las ofrendas puestas encima, queda obligado. ¡Ciegos! ¹⁹¿Qué vale más? ¿Lo que se ofrece, o el altar que hace santa la ofrenda? ²⁰Y el que jura por el altar, jura por el altar y por lo que se pone sobre él. ²¹Y el que jura por el Templo jura por él y por Dios que habita en el Templo. ²²Y el que jura por el Cielo, jura

ban el usar cintas anchas para sujetar las pequeñas cajas en las que metían textos de la ley (filacterias), y que usaban para la oración (cf. Ex 13:9; Dt 6:8; 11:18); alargaban los flecos de los bordes de sus mantos (cf. Nm 15:38-39; Dt 22:12); competían por los lugares de honor en las reuniones sociales y religiosas; buscaban títulos prestigiosos como "Rabí", "maestro", y "padre". Estos títulos son rechazados en los versículos 8-10 porque sólo Dios merece ser llamado "Padre" y sólo Jesús es el "Maestro". La ostentación religiosa es rechazada en los versículos 11-12 a la luz del ideal cristiano del liderazgo como servicio a la comunidad (cf. 20:25-28) y de la tensión entre humildad y exaltación.

23:13-36 Maldiciones contra los escribas y fariseos (cf. Lc 11:37-52). El pronunciar un "ay" sobre una persona o un grupo expresa dolor por su triste situación y es un aviso de las malas consecuencias que se van a seguir. El primero de los siete ayes contra los escribas y fariseos (v. 13) los acusa de impedir la entrada de la gente al Reino de Dios, quizás por su oposición a Jesús y a sus discípulos. El segundo ay (v. 15) los acusa de hacer grandes esfuerzos misioneros para ganarse conversos a los que hacen daño en su vida espiritual. El tercer ay (vv. 16-22) hace referencia a los intentos de los fariseos para sustituir los juramentos hechos por las cosas más sagradas (el Templo, el altar, Dios) con otros juramentos hechos por cosas de menos importancia (el oro del Templo, las ofrendas, el cielo). Jesús rechaza sus intentos como cosa ridícula.

El cuarto ay (vv. 23-24) critica a los enemigos porque no se fijan en los aspectos más importantes de la ley (justicia, misericordia, fe) a causa

por el trono de Dios y por el que está sentado en él.

²³¡Ay de ustedes, maestros de la Ley y fariseos hipócritas! Ustedes pagan el diezmo de todo, si olvidar la menta, el anís y el comino, y, en cambio, no cumplen lo más importante de la Ley: la justicia, la misericorida y la fe. Estas son las cosas que deberían observar, sin descuidar las otras. ²⁴¡Guías ciegos! Cuelan un mosquito, pero se tragan un camello.

²⁵¡Ay de ustedes, maestros de la Ley y fariseos hipócritas! Ustedes llenan el plato y la copa con robos y violencias y, por encima, echan una bendición. ²⁶¡Fariseo ciego! haz que sea puro el interior y, después, se purificará también el exterior.

²⁷¡Ay de ustedes, maestros de la Ley y fariseos hipócritas! Pues ustedes son semejantes a sepulcros bien pintados que tienen buena apariencia, pero por dentro están llenos de huesos y de toda clase de podredumbre. ²⁸Ustedes también aparecen exteriormente como hombres religiosos, pero en su interior están llenos de hipocresía y de maldad.

²⁹¡Ay de ustedes, maestros de la Ley y fariseos hipócritas! Ustedes construyen sepulcros para los profetas y adornan los monumentos de los hombres santos. ³⁰Ustedes dicen: Si nosotros hubiéramos vivido en tiempos de nuestros padres, no habríamos consentido que mataran a los profetas. ³¹Así que ustedes mismo lo confiesan: son hijos de quienes asesinan a los profetas. ³²¡Terminen, pues, de hacer lo que sus padres comenzaron!

³³¡Serpientes, raza de víboras!, ¿Cómo lograrán escapar de la condenanción del infierno? ³⁴Desde ahora les voy a enviar profetas, sabios y maestros, pero ustedes los degollarán y crucificarán, y a otros los azotarán en las sinagogas o los perseguirán de una ciudad a otra. ³⁵Pues tiene que recaer sobre ustedes toda la sangre inocente que ha sido derramada en la tierra, desde la sangre

de su obsesión por calcular exactamente los impuestos religiosos a pagar por las verduras y las especias. Este interés desmedido por cosas triviales (el mosquito) los lleva a no fijarse en las cosas mayores (el camello). El quinto ay (vv. 25-26) junto con el sexto (vv. 27-28) contrastan la pureza exterior con la podredumbre interior. La preocupación por la pureza ritual de las copas y de los platos no va acompañada de esfuerzos por una pureza moral. Tan grande es el abismo entre las apariencias exteriores y la realidad interior que los enemigos de Jesús pueden ser llamados "sepulcros banqueados" (v. 27).

El séptimo ay (vv. 29-36) refleja la costumbre extendida de edificar mausoleos y santuarios en honor de los profetas martirizados alrededor de Jerusalén. Jesús acusa a los escribas y fariseos de ser descendientes espirituales de la gente que fue originalmente responsable de esos martirios. Prueba de este cargo es la hostilidad que tienen contra Jesús y sus seguidores de ahora y del futuro (v. 34). El castigo prometido contra la "actual generación" (vv. 35-36) lo vería la comunidad de Mateo en la destrucción de Jerusalén unos años antes. Abel (cf. Gen 4:1-16) fue el primer justo asesinado, y Zacarías (cf. 2 Cron 24:20-22) fue el último profeta canónico martirizado.

del Santo Abel hasta la sangre de Zacarías, hijo de Barequías, al que mataron en el altar dentro del Templo. ³⁶En verdad les digo que todo esto recaerá sobre la actual generación.

³⁷¡Jerusalén, Jerusalén! Tú matas a los profetas y apedreas a los que Dios te envía. ¡Cuántas veces quise juntar a tus hijos, como la gallina recoge a sus pollitos bajo las alas, y tú no lo has querido! ³⁸Por eso se quedarán ustedes con su casa vacía. ³⁹Porque ya no me volverán a ver hasta el tiempo en que digan: *¡Bendito sea el que viene en el Nombre del Señor!''*

La destrucción de Jerusalén y el fin del mundo

24 ¹Jesús salió del Templo y, mientras caminaba, sus discípulos se le acercaron y le hacían notar las imponentes construcciones del Templo. ²Pero él respondió: ''¿Ven todo esto? En verdad les digo que aquí no quedará piedra sobre piedra. Todo será destruido''.

³Luego se sentó en el cerro de los Olivos y los discípulos fueron a preguntarle en privado: ''Dinos, ¿cuándo tendrá lugar todo esto? ¿Cuál será la

---

23:37-39 Conclusión de la lamentación (cf. Lc 13:34-35). La lamentación final de Jesús sobre Jerusalén caracteriza a esta ciudad como asesinadora de profetas y opuesta al Mesías (v. 37). Por ello Dios dejará de habitar en el Templo (v. 38) y Jesús, el Mesías, no será visto hasta que vuelva como juez con la llegada del Reino de Dios. Jesús habla como profeta de Dios, lamentándose por la apostasía de Israel, y como Mesías que volverá a venir con gloria.

XII. LA VENIDA DEL REINO

Mt 24:1–25:46

El quinto y último discurso trata de los acontecimientos relacionados con la futura venida del Reino de Dios. El Reino cerrará la historia tal como la conocemos, este discurso es llamado ''escatológico'' (del griego eschaton que significa fin). La primera parte (24:1-36) sigue de cerca a Marcos 13:1-37 y describe los sucesos antes del final. La segunda parte (24:37-25:30) contiene parábolas y material tradicional que invita a la vigilancia. La descripción del juicio final (25:31-46) concluye el discurso.

24:1-3 El escenario del discurso (cf. Mc 13:1-4; Lc 21:5-7). Los versículos 1-3 presentan el escenario del discurso. Jesús había entrado en el área del Templo (21:23) y anunciado que Dios abandonaría el Templo (23:28). Su predicción de la destrucción, en 24:2, era ya un suceso del pasado para la comunidad de Mateo. Sentado en un lugar tradicionalmente ligado a la venida del Reino (cf. Zac 14:4; Mt 21:1), Jesús habla a sus discípulos. Le preguntan cuándo (1) va a ser destruido el Templo, y (2) cuándo vendrá como Hijo del Hombre, acabándose el mundo tal como lo cono-

señal de tu venida y del fin de la historia?''

⁴Jesús les contestó: "Tengan cuidado de que nadie los engañe. ⁵Porque muchos se presentarán como *el Salvador* y dirán: Yo soy *el Mesías*, y engañarán a muchos. ⁶Se hablará de guerras y de rumores de guerra. Pero no se alarmen, porque todo eso tiene que pasar, pero no será todavía el fin. ⁷Unas naciones se levantarán en contra de otras, y pueblos contra otros pueblos. Habrá hambres y terremotos en diversos lugares. ⁸Pero de todo esto no será sino los primeros dolores del parto.

⁹Entonces los entregarán para atormentarlos y los matarán, y por causa mía serán odiados por todo el mundo. ¹⁰En esos días muchos tropezarán y caerán; unos a otros se traicionarán y quedarán enemigos. ¹¹Aparecerá gran cantidad de falsos profetas, que engañarán a muchos; ¹²y tanta será la maldad, que en muchos el amor se enfriará. ¹³Pero el que se mantenga firme hasta el fin, ése se salvará. ¹⁴Esta Buena Nueva del Reino será proclamada por todas partes del mundo para que la conozcan todas las naciones, y luego vendrá el fin.

¹⁵Por tanto, cuando vean al *ídolo del invasor instalado en el Templo*, según las palabras del profeta Daniel (que el lector sepa entenderlas), ¹⁶los que estén en Judea huyan a los montes. ¹⁷Si entonces estás en la azotea de tu casa, no te demores ni vayas adentro a buscar tus cosas. ¹⁸Si te hallas en el

cemos. En su respuesta, Jesús hace una distinción clara entre estos dos acontecimientos.

24:4-14 Los primeros sucesos (cf. Mc 13:5-13; Lc 21:8-19). Los judíos del tiempo de Jesús creían que la venida del Reino de Dios iría acompañada de grandes sufrimientos. La primera parte de la respuesta de Jesús a sus discípulos les previene para que no confundan los primeros sucesos y sufrimientos (v. 8) con los de la etapa final. Entre los sucesos de la primera etapa están la aparición de falsos mesías (cf. Hch 5:33-39) o de personas que dirán que son Jesús que ha bajado del cielo (v. 5); habrá guerras entre las naciones (vv. 6-7) y también desastres naturales (v. 7b).

La comunidad cristiana no se librará de los "dolores de parto" del Reino. Sufrirá la persecución y el odio de los de fuera (vv. 9-10a) así como la apostasía, los falsos profetas y una gran tibieza dentro de la comunidad (vv. 10b-12). La única actitud apropiada para los cristianos fieles es la paciencia (v. 13). Se les asegura que el fin no vendrá hasta que el Evangelio se haya predicado por todo el mundo. La comunidad de Mateo había visto ya algunos de los desastres religiosos, políticos, y naturales que se mencionan en los versículos 5-8. Porbablemente había también experimentado los problemas característicos de la iglesia (vv. 9-13). Una razón importante para escribir el Evangelio era animar a la comunidad a predicar la Buena Nueva de Jesús, el Mesías, a todos los pueblos del mundo (cf. 28:19).

24:15-22 La gran tribulación (cf. Mc 13:14-20; Lc 21:20-24). La gran tribulación comenzará con la "abominación de la desolación" (v. 15). Ori-

campo, no vuelvas a buscar tu capa. [19]¡Pobres de las que, en esos días, se hallen embarazadas o estén criando! [20]Ruegen para que no les toque huir en invierno o en día sábado.

[21]Porque éstos serán tiempos de angustia como no ha habido igual desde el principio del mundo, ni habrá nunca después. [22]Y si esos momentos no se acortaran, nadie se salvaría. Pero Dios acortará esos días en consideración a sus elegidos. [23]Si en este tiempo alguien les dice: Aquí o allí está el Mesías, no lo crean. [24]Porque se presentarán falsos cristos y falsos profetas, que harán cosas maravillosas y prodigios, capaces de engañar, si fuera posible, aún a lo elegidos de Dios. [25]Miren que se lo he advertido de antemano.

[26]Por tanto, si alguien les dice: ¡En el desierto está!, no vayan. Si dicen: ¡Está en tal lugar retirado!, no lo crean. [27]En efecto, cuando venga el Hijo del Hombre, será como relámpago que parte del oriente y brilla hasta el poniente, o [28]según dice el proverbio: "Donde hay un cadáver, ahí se juntan los buitres".

Venida del Hijo del Hombre

[29]Porque, después de esos días de angustia, *el sol se oscurecerá, la luna per-*

ginalmente esta frase se refería al intento del rey de Siria, Antíoco IV Epífanes, de erigir un altar a Júpiter en el Templo de Jerusalén en el año 167 a.C. (cf. Dan 9:27; 11:31; 12:11). Probablemente se usó esta misma frase cuando el emperador romano Calígula quiso poner una estatua suya en el Templo en el año 40 A.D. Quizás Mateo la identifica con la profanación y destrucción del Templo en el año 70 A.D., o con algún suceso futuro.

Jesús da instrucción en los versículos 16-18 sobre cómo evitar la gran tribulación, huyendo a refugios seguros en las montañas, bajando de la azotea por la escalera exterior sin detenerse a entrar en la casa, y no preocupándose por recoger la capa dejada al lado del campo. El punto es claro: habrá que obrar sin distraerse ni detenerse. En los versículos 19-20 se tiene compasión de las mujeres en cinta o que estén criando (las que no se podían mover con rapidez), y se espera que la gran tribulación no suceda en tiempo de frío y lluvioso ni en sábado (cuando el viajar sería difícil o contrario a la ley judía).

Esta tribulación será la mayor jamás vista o que se verá (v. 21). A causa de la paciencia de los miembros de la comunidad cristiana (cf. v. 13), Dios acortará el periodo de tibulación. Si no hiciera, nadie se salvaría. Aunque se vea alguna conexión entre el avance de las tropas romanas del año 70 y la gran tribulación, el lenguaje que se usa para describirla excede a aquellos sucesos históricos. La tribulación anuncia el final del mundo que conocemos.

24:23-36 La venida del Hijo del Hombre (cf. Mc 13:21-32; Lc 21:25-33). La descripción gráfica de la venida del Hijo del Hombre (vv. 29-31) está colocada entre dos avisos para que no se engañen acerca del tiempo del suceso (vv. 23-28, 32-36). Los discípulos (y los lectores de Mateo) no

derá su brillo, caerán las estrellas del cielo y el universo entero so conmoverá. ³⁰Entonces aparecerá en el cielo la señal del Hijo del Hombre: mientras todas las razas de la tierra se golpeen el pecho, *verán al Hijo del Hombre viniendo en las nubes del cielo,* con el Poder divino y la plenitud de la Gloria. ³¹Mandará a sus ángeles, los cuales tocarán la trompeta y reunirán a los elegidos de los cuatro puntos cardinales, de un extremo al otro del mundo.

³²Aprendan este ejemplo de la higuera: Cuando están tiernas sus ramas y le salen hojas, ustedes entienden que se acerca el verano. ³³Asimismo, cuando noten todas estas cosas que les dije, sepan que ya está cerca, a la puerta. ³⁴En verdad les digo: No pasará esta generación sin que sucedan todas estas cosas. ³⁵Pasarán el cielo y la tierra, pero mis palabras no pasarán.

³⁶En cuanto se refiere a ese Día y a esa hora, no lo sabe nadie, ni los ángeles de Dios, ni siquiera el Hijo, sino sólo el Padre.

³⁷En la venida del Hijo del Hombre, sucederá lo mismo que en los tiempos

deben dejarse extraviar por falsos profetas y falsos mesías, aunque estos hagan milagros, ni por los que digan que el Mesías está en el desierto o en un lugar escondido (v. 23-26). La venida del Hijo del Hombre, cuando suceda, será tan repentina y pública como un relámpago (v. 27). Su presencia será clarísima y sin dejar lugar a dudas, así como la presencia de los buitres señala donde hay un cadáver (v. 28).

Casi todas las frases que se usan para la descripción de la venida del Hijo del Hombre (vv. 29-31) se encuentran en pasajes del antiguo testamento que hablan de la venida del Reino de Dios. Después de los cataclismos cósmicos (cf. Is 13:10; Ez 32:7; Amós 8:9; Joel 2:10, 31; 3:15; Is 34:4; Ag 2:6, 21), el Hijo del Hombre vendrá sobre las nubes del cielo (cf. Dan 7:13-14). Los pueblos de la tierra se darán golpes de pecho (cf. Zac 12:10), y el toque de trompeta marcará el comienzo del juicio final (cf. Is 27:13). El juicio vindicará a los elegidos del Hijo del Hombre que es aquí presentado como una figura sobrehumana revestida de autoridad divina. La tradición cristiana temprana la identificaba con Jesús, el humilde y sufrido Hijo del Hombre.

La higuera (vv. 32-33) es uno de los pocos árboles de Palestina que cambia las hojas cada año. Eso permite al observador inteligente conocer la estación del año según vea a ese árbol. Del mismo modo, cuando los sucesos mencionados en los versículos 3:22 sucedan, la gente sabrá que el Hijo del Hombre está cerca (v. 33). La profecía de que todos estos sucesos tendrán lugar durante la generación actual (v. 34) queda equilibrada por la insistencia en que solamente el Padre sabe exactamente cuándo vendrá el Hijo del Hombre (v. 36). No es posible identificar ''todas estas cosas'' (v. 34) con la muerte y resurrección de Jesús. Se habla claramente de una segunda venida gloriosa. El texto dice abiertamente que ni siquiera el Hijo mismo conoce el momento exacto.

de Noé. [38]En aquellos días que precedieron el diluvio, los hombres seguían comiendo, bebiendo y casándose, hombres y mujeres, hasta el día en que Noé entró en el Arca. [39]Y no se daban cuenta, hasta que vino el diluvio y se los llevó a todos. Lo mismo sucederá en la venida del Hijo del Hombre. [40]Entonces, de dos hombres que están juntos en el campo, uno será tomado, y el otro no. [41]De dos mujeres que están juntas moliendo trigo, una será tomada, y la otra no.

Estén alerta

[42]Por eso, estén despiertos, porque no saben en qué día vendrá su Señor. [43]Fíjense bien: Si un dueño de casa supiera a qué hora lo va a asaltar el ladrón, seguramente permanecería despierto para impedir el asalto de su casa. [44]Por eso, estén alerta; porque el Hijo del Hombre vendrá a la hora que menos piensan.

[45]¿Quién será el servidor fiel y prudente que su señor ha puesto al cuidado de su familia para repartirles el alimento a su debido tiempo? [46]Feliz ese siervo a quien su Señor al venir encuentre tan bien ocupado. [47]En verdad les digo: le confiará la administración de todo lo que tiene.

[48]Al contrario, el servidor malo piensa: Mi señor demora. [49]Y empieza a maltratar a sus compañeros y a comer y a beber con borrachos. [50]El patrón de

24:37-44 Imágenes de la venida del Hijo del Hombre (cf. Mc 13:32-37; Lc 17:26-30). La segunda parte del discurso escatológico (24:37–25:30) consiste de parábolas sobre la venida del Hijo del Hombre y sobre tradiciones relacionadas con ella. En las parábolas con frecuencia se divide a la gente en dos grupos. La llegada de una figura (el Hijo del Hombre) es incierta o se retrasa, pero sucede repentinamente. Premios y castigos (el juicio final) son distribuidos. La lección es la vigilancia en el presente. La vigilancia es el servicio de Dios a través del cumplimiento responsable de las obligaciones hasta que venga el Hijo del Hombre.

La última sección (vv. 37-44) combina varias imágenes para describir la venida del Hijo del Hombre (v. 37). La parábola de Noé (vv. 37-39) contrasta a Noé con la gente de su tiempo. El diluvio vino sobre ellos de repente, con terribles consecuencias para muchos. La imagen de los dos hombres en el campo (v. 40) y de las dos mujeres moliendo, subrayan lo inesperado del suceso y la separación que causará. Como no se sabe la hora exacta de la llegada, la única disposición apropiada es la vigilancia incesante (v. 42). Esta disposición se recomienda por medio de la parábola del dueño de la casa (v. 43). Si el dueño supiera cuándo va a venir el ladrón, estaría en guardia. Como no se sabe la hora de la venida del Hijo del Hombre, la vigilancia debe ser constante (v. 44).

24:45-51 Los dos siervos (cf. Lc 12:41-48). La parábola de los dos siervos contrasta la vigilancia con el descuido. El siervo fiel y sabio (vv. 45-47) cumple con su deber. Cuando el dueño regresa y lo encuentra trabajando, lo recompensa con generosidad. El siervo malvado (vv. 48-51) se aprovecha de la ausencia prolongada de su señor para maltratar a los otros

ese servidor vendrá en el día que no lo espera, y a la hora que menos piensa. [51]Le quitará el puesto, y lo tratará como a los hipócritas: allí habrá llanto y desesperación.

Parábola de las diez jóvenes

25 [1]Entonces el Reino de los Cielos podrá ser comparado a diez jóvenes que salieron con sus lámparas para recibir al novio. [2]De ellas, cinco eran descuidadas, y las otras, previsoras. [3]Las descuidadas tomaron sus lámparas como estaban, sin llevar más aceite. [4]Las previsoras, en cambio, junto con las lámparas llevaron sus botellas de aceite. [5]Como el novio demoraba en llegar, todas terminaron por quedarse dormidas.

[6]Pero, al llegar la medianoche, alguien gritó: ''¡Viene el novio, salgan a recibirlo!'' [7]Todas las jóvenes se despertaron inmediatamente y prepararon sus lámparas. [8]Entonces las descuidadas dijeron a las previsoras: ''Dennos aceite, porque nuestras lámparas se están apagando''. [9]Las previsoras dijeron: ''Vayan mejor a comprarlo, pues el que nosotras tenemos no alcanzará para ustedes y para nosotras''.

[10]Mientras iban a comprarlo, vino el novio, y las que estaban preparadas entraron con él en la fiesta de las bodas, y cerraron la puerta. [11]Cuando llegaron las otras jóvenes, dijeron: ''Señor, Señor, ábrenos''. [12]Pero él respondió: ''En verdad, no las conozco''.

[13]Por eso, añadió Jesús, estén despiertos, porque no saben el día ni la hora.

siervos y para perder el tiempo en fiestas desordenadas. Algún día regresará el dueño y, cuando lo haga, el siervo malvado será castigado. La lección es que le vigilancia constante será recompensada y que el descuido será castigado cuando venga el Hijo del Hombre.

25:1-13 Las diez jóvenes. La parábola de las diez jóvenes que asisten a una boda tiene muchos detalles que conocemos por las palabras precedentes. Las diez jóvenes se dividen en dos grupos: las previsoras y las descuidadas. Las descuidadas no se proveen de lo necesario para sus antorchas, mientras que las previsoras sí. La narración supone una costumbre de Palestina en la que el novio iba a casa de la novia para hacer el contrato matrimonial con el suego. Cuando el novio volvía a su casa con la novia, se podía comenzar el banquete nupcial. Las jóvenes debían salir al encuentro del novio y de la novia cuando se acercaban a la casa. Las jóvenes necias pensaban que el novio no volvería de noche, pero las prudentes sabían que podía regresar a cualquier hora (vv. 2-4). El novio se retrasó (v. 5) y vino al tiempo menos esperado (v. 6). Las jóvenes necias se quedaron sorprendidas y no pudieron obtener aceite a tiempo para el comienzo del banquete nupcial (vv. 7-10). Se cerró la puerta y se les negó la entrada (vv. 11-12). Una vez más, la lección es la vigilancia constante (v. 13).

Parábola de los talentos

[14]Sucede en el Reino de los Cielos lo mismo que pasó con un hombre que, al partir a tierras lejanas, reunió a sus servidores y les encargó sus pertenencias. [15]Al primero le dio cinco talentos de oro; a otro le dio dos; y al tercero, solamente uno; a cada uno según su capacidad, e inmediatamente se marchó.

[16]El que recibió los cinco, hizo negocios con el dinero y ganó otros cinco. [17]El que recibió dos hizo otro tanto, y ganó otros dos. [18]Pero el que recibió uno, hizo un hoyo en la tierra y escondió el dinero de su patrón.

[19]Después de mucho tiempo, volvió el señor de esos servidores y les pidió cuentas. [20]El que había recibido cinco talentos le presentó otros cinco, diciéndole: "Señor, tú me encargaste cinco; tengo además otros cinco que gané con ellos". [21]El patrón le contestó: "Muy bien, servidor bueno y honrado; ya que has sido fiel en lo poco, yo te voy a confiar mucho más. Ven a compartir la alegría de tu Señor".

[22]Llegó después el que tenía dos, y dijo: "Señor, me encargaste dos talentos; traigo además otros dos que gané con ellos". [23]El patrón le dijo: "Muy bien, servidor bueno y honrado; ya que has sido fiel en lo poco, yo te confiaré mucho más. Ven a compartir la alegría de tu Señor".

[24]Por último, vino el que había recibido un talento, y dijo: "Señor, yo sé que eres un hombre exigente, que quieres cosechar donde no has sembrado y recoger donde no has trillado. [25]Por eso yo tuve miedo y escondí en tierra tu dinero; aquí tienes lo tuyo". [26]Pero su patrón le contestó: "Servidor malo y flojo, tú sabías que cosecho donde no he sembrado y recojo donde no he trillado. [27]Por eso mismo debías haber colcado mi dinero en el banco y a mi vuelta me lo habrías entregado con los intereses.

[28]Quítenle, pues, el talento y entréguenselo al que tiene diez. [29]Porque al que produce se le dará y tendrá en abundancia, pero al que no produce se le quitará hasta lo que tiene. [30]Y a ese servidor inútil échenlo a la oscuridad de allá afuera: allí habrá llanto y desesperación".

El juicio final

[31]Cuando el Hijo del Hombre venga en su Gloria rodeado de todos sus

25:14-30 Los talentos (cf. Lc 19:11-27). La parábola de los talentos tiene elementos que se encuentran en la narración anterior, pero se centra en la escena del juicio (vv. 19-30). El dueño (el Hijo del Hombre) se va lejos y distribuye varias sumas de dinero a sus tres siervos. La palabra griega que describe la suma es "talento". La parábola dio origen a la palabra talento que usamos al referirnos a las habilidades naturales de una persona, que pueden ser mejoradas con el ejercicio y la práctica. Aunque en la parábola se habla de tres siervos, realmente forman dos grupos: los dos que invierten y doblan su cantidad, y el que entierra el dinero. El dueño se ausenta por mucho tiempo y de repente regresa y pide cuentas (v. 19). Les ha llegado el momento del juicio. Hay dos premios para los siervos diligentes (vv. 20-23) y castigo para el que no hizo nada (vv. 24-30). La vigilancia constante pide también producir frutos y arriesgarse.

25:31-46 El juicio de las naciones. El discurso escatológico llega a su cumbre y conclusión con la escena del juicio final. Aunque la narración

ángeles, se sentará en su trono como Rey glorioso. ³²Todas las naciones serán llevadas a su presencia, y como el pastor separa las ovejas de los machos cabríos, así también lo hará él. ³³Separará uno de otros, poniendo las ovejas a su derecha y los machos cabríos a su izquierda.

³⁴Entonces el Rey dirá a los que están a la derecha: "¡Vengan, los bendecidos por mi Padre! Tomen posesión del reino que ha sido preparado para ustedes desde el principio del mundo. ³⁵Porque tuve hambre y ustedes me alimentaron; tuve sed y ustedes me dieron de beber. Pasé como forastero y ustedes me recibieron en su casa. ³⁶Anduve sin ropas y me vistieron. Estaba enfermo y fueron a visitarme. Estuve en la cárcel y me fueron a ver".

³⁷Entonces los buenos preguntarán: "Señor, ¿cuándo te vimos hambriento y te dimos de comer; sediento y te dimos de beber, ³⁸o forastero y te recibimos, o sin ropa y te vestimos? ³⁹¿Cuándo te vimos enfermo o en la cárcel, y te fuimos a ver?" ⁴⁰El Rey responderá: "En verdad les digo que, cuando lo hicieron con alguno de estos más pequeños, que son mis hermanos, lo hicieron conmigo".

⁴¹Al mismo tiempo, dirá a los que estén a la izquierda: "¡Malditos, aléjense de mí, vayan al fuego eterno que ha sido destinado para el diablo y para sus ángeles! ⁴²Porque tuve hambre y no me dieron de comer, porque tuve sed y no me dieron de beber; ⁴³era forastero y no me recibieron en su casa; no tenía ropa y no me vistieron; estuve enfermo y encarcelado y no me visitaron".

⁴⁴Aquellos preguntarán también: "Señor, ¿cuándo te vimos hambriento, sediento, desnudo o forastero, enfermo

---

compara al Hijo del Hombre con un pastor, no se trata de una parábola, ya que el juicio se presenta de modo directo. Cuando el Hijo del Hombre venga en su gloria (cf. 24:29-31), dividirá "a todas las naciones" en dos grupos (vv. 31-33). Los que han hecho el bien a "uno de los más pequeños", (v. 40) serán benditos (vv. 34-40), pero los que no hicieron nada por "alguno de estos más pequeños" (v. 45) serán condenados (vv. 41-46). Las buenas acciones son el dar de comer al hambriento, hospitalidad al forastero, vestido al desnudo, y visitar a los enfermos y a los presos. Estas acciones merecen premio en el juicio final por la relación de identidad entre el Hijo del Hombre y los más pequeños (vv. 40-45).

¿Cuáles son "todas las naciones" y quiénes son los "más pequeños" (vv. 40-45)? La interpretación común entiende por "todas las naciones" a la humanidad entera; los "más pequeños" se supone que son los necesitados. Por esto, en el juicio final toda la humanidad será juzgada según las obras de caridad que haya hecho a los pobres y necesitados. Pero, ¿es esto lo que Mateo y su comunidad entendían en esta parábola? En el Evangelio de Mateo, "naciones" y "todas las naciones" se refiere a los pueblos fuera de Israel (cf. 4:15; 6:32; 10:5, 18; 12:18, 21; 20:19, 25; 21:43; 24:7, 9, 14; 28:19). En varios lugares (cf. 10:40-42; 18:6, 14) "los más pequeños de mis hermanos" parecen ser los cristianos. Si estas frases tienen el mismo significado en 25:31-46 que en otras partes del Evan-

o encarcelado, y no te ayudamos?'' ⁴⁵El Rey les responderá: ''En verdad les digo que siempre que no lo hicieron con alguno de estos mas pequeños, que son mis hermanos, conmigo no lo hicieron.

⁴⁶Y éstos irán al suplicio eterno, y los buenos a la vida eterna''.

26 ¹Cuando Jesús terminó estos discursos, dijo a sus discípulos: ²''Ustedes saben que la Pascua cae dentro de dos días, y el Hijo del Hombre será entregado para que lo crucifiquen''.

³Por entonces, los jefes de los sacerdotes y las autoridades judías se reunieron en el palacio del Sumo Sacerdote, que se llamaba Caifás, ⁴y se pusieron de acuerdo para detener con astucia a Jesús y darle muerte. ⁵Pero se decían: ''Durante la fiesta no, para que el pueblo no se alborote''.

La cena en Betania

⁶Jesús se encontraba en Betania, sentado a la mesa, en casa de Simón el leproso. ⁷Se le acercó una mujer con un

gelio, ''todas las naciones'' se refiere a los paganos que no han recibido ni el judaísmo ni el cristianismo, y ''los más pequeños'' son los cristianos con los que los paganos han tenido contacto. Según esta interpretación, los paganos serán juzgados según sus acciones hacia los cristianos (cf. 10:40-42).

XIII. LA MUERTE Y RESURRECCION DE JESUS

Mt 26:1–28:20

Casi el ochenta por ciento de la narración de la pasión de Mateo es idéntico en vocabulario y contenido con el relato paralelo de Marco. Mateo añade algunos detalles que desarrollan temas ya presentes en Marcos 14–16. Jesús está más claramente en control de los sucesos y todo sucede de acuerdo con la voluntad de Dios revelada en el antiguo testamento.

26:1-5 El complot (cf. Mc 14:1-2; Lc 22:1-2; Jn 11:45-53). La escena introductoria presenta a las principales figuras. Jesús les dice a sus discípulos abiertamente que, en tiempo de Pascua, él será arrestado y crucificado (vv. 1-2). La Pascua era la fiesta de primavera que conmemoraba la liberación de Israel de la esclavitud de Egipto. Los mayores enemigos de Jesús no son los escribas y los fariseos, sino los jefes de los sacerdotes y los ancianos reunidos en torno al sumo sacerdote Caifás (vv. 3-5). Pascua era una fiesta de peregrinación que atraía grandes multitudes a Jerusalén; los enemigos quieren evitar dar lugar a una revolución arrestando en esos días a un maestro tan popular de Galilea.

26:6-16 La unción (cf. Mc 14:3-11; Lc 22:3-6; Jn 12:1-8). En una casa no lejos de Jerusalén, una mujer da a Jesús señales de respeto y hospitalidad, ungiendo su cabeza con un perfume muy caro. Los discípulos se

frasco como de mármol lleno de un perfume muy caro, y se lo derramó en la cabeza. [8]Al ver esto, los discípulos se enojaron y dijeron: ''¿Con qué fin tanto derroche? [9]Este perfume se habría podido vender muy caro para ayudar a los pobres''.

[10]Jesús se dio cuenta y les dijo: ''¿Por qué molestan a esta mujer? Lo que hizo conmigo es realmente una buena obra. [11]Porque siempre tienen pobres con ustedes, pero a mí no me tendrán siempre. [12]Y ella, al derramar este perfume sobre mi cuerpo, lo ha hecho como un preparativo para mi en tierro. [13]En verdad les digo que donde quiera que se proclame la Buena Nueva, en todo el mundo, se dirá también en su honor lo que acaba de hacer''.

[14]Entonces uno de los Doce, que se llamaba Judas Iscariote, fue donde los jefes de los sacerdotes [15]y les dijo: ''¿Cuánto me darán para que se lo entregue?'' [16]Ellos le aseguraron treinta monedas de plata y, desde ese instante, comenzó a buscar una ocasión para entregárselo.

La Ultima Cena

[17]El primer día de la Fiesta en que se comía pan sin levadrua, los discípulos se acercaron a Jesús y le dijeron: ''¿Dónde quieres que te preparemos la cena pascual?'' [18]Jesús contestó: ''Vayan a la ciudad, a casa de Fulano, y díganle: El Maestro te manda decir: Mi hora se acerca; en tu casa voy a celebrar la Pascua con mis discípulos''.

[19]Los discípulos hicieron tal como Jesús les había ordenado y prepararon la Pascua.

[20]Llegada la tarde, se sentó a la mesa con los Doce. [21]Y, mientras comían, Jesús les dijo: ''Les aseguro que uno de

quejan porque el perfume podría haber sido vendido dando su valor a los pobres (vv. 8-9); esto hace que Jesús interprete la acción de aquella mujer. La primera interpretación (vv. 10-11) mira a la condición extraordinaria de Jesús y al privilegio especial relacionado con su presencia en la tierra. La segunda interpretación (vv. 12-13) sugiere que la unción es una preparación para la sepultura de Jesús. La palabra hebrea ''mesías'' significa ''ungido'', y ya desde el comienzo, la pasión de Jesús es la historia del Mesías que sufre y muere. La hermosa acción de la mujer está en claro contraste con el plan de Judas de traicionar a Jesús (vv. 14-16). Mateo sugiere que el motivo de Judas fue la avarica (v. 15) y que las treinta monedas de plata que le prometieron cumplían la profecía de Zacarías 11:12.

26:17-25 La cena pascual (cf. Mc 14:12-21; Lc 22:7-14, 21-23; Jn 13:21-30). El relato de Mateo sobre los preparativos para la cena pascual (vv. 17-19) se enfoca en Jesús que da dirección a los sucesos. Jesús está a cargo de todo. Aunque Mateo sigue a Marcos al interpretar la comida como comienzo de la fiesta pascual, la referencia en Juan 18:28 y las actividades de los sumos sacerdotes y ancianos durante el día, indican que la cena de Jesús tuvo lugar la noche del día antes de Pascua. Durante la cena, Jesús predice que uno de los Doce le va a traicionar (vv. 20-25). En el versículo 25, Mateo demuestra que Jesús sabía que Judas era el traidor. Los

ustedes me va a entregar''. ²²Muy tristes, uno por uno comenzaron a preguntarle: ''¿Seré yo, Señor?''

²³El contestó: ''El que ha metido la mano conmigo en el plato, ése es el que me entregará. ²⁴El Hijo del Hombre se va, como dicen las Escrituras, pero ¡pobre de aquel que entrega al Hijo del Hombre! ¡Sería mejor para él no haber nacido!'' ²⁵Judas, el que lo iba a entregar, le preguntó también: ''¿Seré acaso yo, Maestro?'' Jesús respondió: ''Tú lo has dicho''.

²⁶Mientras comían, Jesús tomó pan y, después de pronunciar la bendición, lo partió y lo dio a sus discípulos, diciendo: ''Tomen y coman; esto es mi cuerpo''. ²⁷Después, tomando una copa de vino y dando gracias, se la dio, diciendo: ''Beban todos, ²⁸porque ésta es mi sangre, la sangre de la Alianza, que es derramada por una muchedumbre, para el perdón de sus pecados. ²⁹Y les digo que no volveré a beber de este producto de la uva hasta el día en que beba con ustedes vino nuevo en el Reino de mi Padre''.

³⁰Después de cantar los salmos, partieron para el cerro de los Olivos. ³¹Entonces Jesús les dijo: ''Todos ustedes caerán esta noche: ya no sabrán qué pensar de mí. Pues dice la Escritura: He-

demás discípulos llaman a Jesús ''Señor'' (v. 22), mientras que Judas lo llama ''Rabí'' (v. 25). La enormidad de la traición resalta, ya que el traidor es uno que comparte la mesa con Jesús. El hecho de que así se cumpla el plan de Dios (v. 24) no absuelve a Judas de su responsabilidad de la muerte de Jesús.

26:26-29 La Eucaristía (cf. Mc 14:22-26; Lc 22:15-20). Las acciones y palabras de Jesús con el pan y el vino anticipan e interpretan su muerte próxima. Lo que sucede con el pan, en el versículo 26, sucederá con el cuerpo de Jesús; lo que sucede con el cáliz, en el versículo 27, sucederá con su sangre. Compartir el pan y el vino significa compartir la muerte de Jesús. La ''sangre de la Alianza'' (v. 28) contiene una alusión a Exodo 24:8, donde Moisés sella el pacto antiguo rociando al pueblo con sangre, ''por una muchedumbre'' sugiere alguna conexión con la muerte expiatoria del Siervo del Señor de Isaías 53:12. El valor expiatorio de la muerte de Jesús se recalca con las palabras ''para el perdón de los pecados''. Según el versículo 29, la cena de Jesús con sus discípulos anticipa el banquete celestial que será parte del Reino de Dios. Esta narración de la última cena une varios aspectos de la celebración eucarística de la Iglesia: comida pascual, memorial de la muerte de Jesús, pacto, sacrificio y anuncio del Reino.

26:30-35 Anuncio de las negaciones de Pedro (cf. Mc 14:27-31; Lc 22:31-34; Jn 13:36-38). La discusión de Jesús con sus discípulos en el Monte de los Olivos pone en evidencia que Jesús sabía lo que le esperaba, y que todos estos sucesos estaban de acuerdo con la voluntad del Padre expresada en el antiguo testamento. Les dice que su fe en él será probada esta misma noche, y que su arresto y la dispersión de ellos cumplirán la pro-

riré al Pastor y se dispersarán las ovejas del rebaño. ³²Pero, después de mi resurrección, iré delante de ustedes a Galilea". ³³Pedro empezó a decirle: "Aunque todos tropiecen y caigan, yo nunca vacilaré". ³⁴Jesús le replicó: "Yo te aseguro que esta misma noche, antes del canto de los gallos, me habrás negado tres veces". ³⁵Pedro le dijo: "Aunque tenga que morir, no renegaré de ti"; y los demás decían lo mismo.

En el huerto de Getsamaní

³⁶Llegó Jesús con ellos a una propiedad llamada Getsemaní. Dijo a sus discípulos: "Siéntense aquí, mientras yo voy más allá a orar".

³⁷Llevó consigo a Pedro y a los dos hijos de Zebedeo y comenzó a sentir tristeza y angustia. ³⁸Y les dijo: "Siento una tristeza de muerte; quédense aquí conmigo y permanezcan despiertos". ³⁹Fue un poco más lejos y, tirándose en el suelo hasta tocar la tierra con su cara, hizo esta oración: "Padre, si es posible, aleja de mí esta copa. Sin embargo, que se cumpla no lo que yo quiero, sino lo que quieres tú". ⁴⁰Volvió donde sus discípulos y los halló dormidos, y dijo a Pedro: "¿De modo que no pudieron permanecer despiertos conmigo ni una hora? ⁴¹Estén despiertos y orando, para que no caigan en tentación: el espíritu es animoso, pero la carne es débil".

⁴²De nuevo se apartó por segunda vez a orar y dijo: "Padre, si esta copa no puede ser apartada de mí sin que yo la beba, que se haga tu voluntad". ⁴³Volvió nuevamente y los encontró dormidos, porque se les cerraban los ojos de sueño. ⁴⁴Los dejó y fue de nuevo a orar por tercera vez, repitiendo las mismas palabras.

⁴⁵Entonces volvió donde los discípulos y les dijo: "¡Ahora pueden dormir y descansar! Ya llegó la Hora, y el Hijo del Hombre es entregado en manos de pecadores. ⁴⁶Levántense. Vamos, ya

fecía de Zacarías 13:7 (v. 31). Les manda también que vayan a Galilea, al lugar de revelación (cf. 4:13-17), donde tendrá lugar la aparición principal después de la resurrección (cf. 28:16-20). Jesús sabe también que Pedro le negará tres veces antes del amanecer (v. 34). Pedro hace un alarde de confianza en sí mismo (vv. 33, 35), preparando la escena para la dramática historia de sus negaciones en 26:69-75.

26:36-46 La oración de Getsemaní (cf. Mc 14:32-42; Lc 22:39-46). En la oración de Getsemaní, Jesús se presenta como obediente Hijo de Dios que acata la voluntad del Padre al sufrir y morir (vv. 39, 42, 45-46); los discípulos aparecen necesitados de instrucción para permanecer en vela en tiempo de prueba (vv. 40-41, 43, 45-46). Getsemaní (v. 36) era un pequeño olivar en la falda del Monte de los Olivos; una vez más, el círculo de los íntimos de Jesús incluye a Pedro, Santiago, y Juan (v. 37). Las palabras de Jesús a los discípulos en el versículo 38 se hacen eco de los salmos 42:5, 11 y 43:5. Jesús reza tres veces, y vuelve tres veces para encontrar a los discípulos dormidos. El contenido de la oración (vv. 39, 42) indica que Jesús tuvo que educarse a sí mismo para aceptar el sufrimiento que le esperaba. Sus últimas palabras a los discípulos, en los versículos 45-46, muestran su perfecta sumisión al plan del Padre, y su

está muy cerca el que me va a entregar''.

Toman preso a Jesús

⁴⁷Estaba todavía hablando cuando llegó Judas, uno de los Doce, y con él un buen grupo armado de espadas y de palos, enviados por los jefes de los sacerdotes y por las autoridades judías. ⁴⁸Pues bien, el traidor les había dado esta señal: "Al que yo dé un beso, ése es; arréstenlo''. ⁴⁹Y en seguida se acercó a Jesús y le dijo: "Buenas noches, Maestro'', y lo besó. ⁵⁰Pero Jesús le dijo: "Amigo, haz lo que vienes a hacer''. Entonces se acercaron, detuvieron a Jesús y se lo llevaron.

⁵¹Uno de los que estaban con Jesús sacó la espada e hirió al sirviente del Sumo Sacerdote, cortándole una oreja. ⁵²Entonces Jesús le dijo: "Vuelve la espada a su sitio, pues quien usa la espada, perecerá por la espada. ⁵³¿No crees que puedo llamar a mi Padre, y

él al momento me mandaría más de doce ejércitos de ángeles? ⁵⁴Pero entonces no se cumplirían las Escrituras, porque así había de ser''.

⁵⁵En ese momento, Jesús dijo al tropel de la gente: "¿Por qué salieron a arrestarme con espadas y palos, como a un ladrón? Si yo me sentaba diariamente entre ustedes en el Templo para enseñar, y no me detuvieron. ⁵⁶Pero todo esto ha pasado para que se cumplieran las Escrituras proféticas''. Entonces todos los discípulos lo abandonaron y huyeron.

Jesús comparece ante el Consejo judío

⁵⁷Los que tomaron preso a Jesús lo llevaron a casa del Sumo Sacerdote Caifás. Ahí se hallaban reunidos los maestros de la Ley y las autoridades judías.

⁵⁸Pedro lo iba siguiendo de lejos, hasta llegar al palacio del Sumo Sacer-

confianza de que el poder de sus adversarios malvados sería solamente temporal.

26:47-56 El arresto de Jesús (cf. Mc 14:43-50; Lc 22:47-53; Jn 18:3-12). El relato del arresto de Jesús describe en primer lugar cómo Judas había planeado entregar a Jesús a los sumos sacerdotes y a los ancianos (vv. 47-50). En las condiciones de Jerusalén alrededor de la fiesta de Pascua, con multitudes excitables en la ciudad, había que proceder con cautela para evitar disturbios. Judas escogió la señal típica del saludo de un discípulo a su maestro, el beso y el saludo "Rabí" (v. 49). La respuesta de Jesús es decirle fríamente "amigo" (cf. 20:13; 22:12), después de lo cual Jesús es arrestado.

El incidente del corte de la oreja del servidor del sacerdote (v. 51) ofrece la ocasión para que Jesús repita que los acontecimientos suceden de acuerdo con la voluntad de Dios y lo escrito en el antiguo testamento (vv. 52-54). Las últimas palabras de Jesús a la gente (vv. 55-56) recalcan su inocencia política y su conocimiento de que la deserción de los discípulos cumple la predicción de Zacarías 13:7 (cf. 26:31).

26:57-68 El proceso ante el Sanedrín (cf. Mc 14:53-65; Lc 22:54-55, 63-71; Jn 18:13-14). El proceso de Jesús ante el Sanedrín tiene lugar en casa del sumo sacerdote (v. 58) e incluye al jefe de los sacerdotes, a los escri-

dote. Entró en el patio y se sentó con los sirvientes para saber el final.

⁵⁹Los jefes de los sacerdotes y el Consejo Supremo andaban buscando alguna declaración falsa en contra de Jesús para condenarlo a muerte, ⁶⁰y aunque se presentaron muchos testigos falsos, no la hallaban.

⁶¹Por último, llegaron dos que declararon: "Este hombre dijo: Yo puedo destruir el Templo de Dios y reconstruirlo en tres días".

⁶²Con esto, poniéndose de pie el Sumo Sacerdote, preguntó a Jesús "¿No tienes nada que responder? ¿Qué es esto que declaran en contra tuya?" ⁶³Pero Jesús se quedó callado.

Entonces, el Sumo Sacerdote le dijo: "En nombre de Dios vivo, te mando que nos contestes: ¿Eres tú el Cristo, el Hijo de Dios?" ⁶⁴Jesús le respondió: "Así es, tal como acabas de decir; yo les

anunció además que a partir de hoy ustedes *verán al Hijo del Hombre sentado a la derecha del Dios Poderoso y viniendo sobre las nubes*".

⁶⁵Entonces, el Sumo Sacerdote rasgó sus ropas, diciendo: "Ha blasfemado; ¿para qué necesitamos más testigos? Ustedes mismos acaban de oír estas palabras escandalosas. ⁶⁶¿Qué les parece?" Ellos contestaron: "Merece la muerte". ⁶⁷Luego comenzaron a escupirle la cara y a darle bofetadas, ⁶⁸diciéndole: "Cristo, adivina quién te pegó".

La negación de Pedro

⁶⁹Mientras tanto, Pedro estaba sentado afuera, en el patio, y acercándose una muchachita de la casa le dijo: "Tú también seguías a Jesús de Galilea". ⁷⁰Pero él lo negó delante de todos, diciendo: "No entiendo lo que dices".

bas y a los ancianos. Después de esfuerzos fallidos para presentar un caso contra Jesús (vv. 59-60), se le hacen dos cargos: amenazar con destruir el Templo (v. 61), y pretender ser el Mesías (v. 63). La acusación de destruir el Templo refleja probablemente la predicación de Jesús de que la venida del Reino exigiría un nuevo modo de adoración (cf. Mc 14:48; Jn 2:19-21; Hch 6:14), o quizás se relacione con su purificación profética del Templo (cf. 21:12-17). La acusación de mesianismo sugiere que los judíos y las autoridades romanas veían en Jesús a uno más en una serie de agitadores político-religiosos tan comunes en Palestina por ese tiempo.

En lugar de refutar directamente estas acusaciones, Jesús habla en el versículo 64 de la venida del Hijo del Hombre (cf. Dan 7:13-14). La reacción es rápida y furiosa. El sumo sacerdote lo considera blasfemo (v. 65). El consejo lo condena a muerte (v. 66). Algunos se burlan de él y lo desafían a que las haga de profeta (vv. 67-68). Aunque Marcos y Mateo creyeron que este proceso en la casa del sumo sacerdote fue legal, el cuarto Evangelio lo entiende más acertadamente como una investigación preliminar (cf. Jn 18:13-14).

26:69-75 Las negaciones de Pedro (cf. Mc 14:66-72; Lc 22:56-62; Jn 18:15-18, 25-27). Las negaciones de Pedro son muy dramáticas. Su interlocutor cambia de una muchachita (26:69) a otra sirvienta con los circunstantes (v. 71), y finalmente a "los que estaban ahí" (v. 73). Sus negaciones avan-

⁷¹Y como Pedro se dirigiera hacia la salida, lo vio otra sirvienta, que dijo a los presentes: "Este estaba con Jesús de Nazaret". ⁷²Pedro negó por segunda vez, jurando: "No conozco a ese hombre".

⁷³Poco después se le acercaron los que estaban ahí y le dijeron: "No puedes negar que eres uno de los galileos: se nota en tu modo de hablar". ⁷⁴Entonces Pedro se puso a maldecir y a jurar que no conocía a ese hombre. Y al momento cantó el gallo.

⁷⁵Y recordó Pedro las palabras que Jesús le había dicho: "Antes del canto del gallo me negarás tres veces", y saliendo afuera lloró amargamente.

27 ¹Cuando amaneció, los jefes de los sacerdotes y las autoridades judías celebraron una reunión, para ver la manera cómo hacer morir a Jesús. ²Luego lo ataron y lo llevaron para entregárselo a Pilato, el gobernador.

La muerte de Judas

³Cuando Judas, el traidor, supo que Jesús había sido condenado, se llenó de remordimientos y devolvió las treinta monedas de plata a los jefes de los sacerdotes y a los jefes judíos, ⁴diciéndoles: "He pecado, entregando a la muerte a un inocente". Ellos le contestaron: "¿Qué nos importa eso a nosotros? Es asunto tuyo". ⁵Entonces él, lanzando las monedas en el Templo, fue a ahorcarse.

⁶Los sacerdotes recogieron las monedas, pero pensaron: "No se puede echar este dinero en la caja del Templo, porque es precio de sangre". ⁷Entonces

zan desde una simple confesión de ignorancia (v. 70) a una negación acompañada de juramento (v. 72), a maldiciones y juramentos seguidos de la negación de conocer a Jesús (v. 74). El canto del gallo al amanecer (vv. 74-75), le hace recordar a Pedro el cumplimiento de la predicción de Jesús en el versículo 34. La cobardía de Pedro en el apuro se contrasta con la fidelidad de Jesús hasta la muerte.

27:1-2 Jesús entregado a Pilato (cf. Mc 15:1; Lc 23:1-2; Jn 18:28-32). La historia de la entrega de Jesús a Pilato supone que los líderes judíos tuvieron un segundo consejo legal al amanecer en el que condenaron a Jesús a muerte. Pilato fue gobernador militar de Judea desde el año 26 al 36 A.D. Su residencia estaba en Cesarea, en la costa del Mediterráneo, pero subía a Jerusalén en Pascua para guardar el orden.

27:3-10 La muerte de Judas. Mateo cuenta la muerte de Judas como cumplimiento del antiguo testamento; su narración culmina con la cita de los versículos 9-10. Esta cita, aunque se atribuye a Jeremías (v. 9), realmente junta una frase de Zacarías 11:12-13 a otra de Jeremías 18:2-3; 19:1-2; 32:6-15. La historia prueba también que Jesús, que sabía de antemano lo que Judas andaba tramando, había acertado en su juicio sobre el desenlace fatal del traidor (cf. 26:24). Mateo describe la muerte de Judas como suicidio (v. 5). Una tradición diferente aparece en Hechos 1:16-20. Esta historia se preocupa por la responsabilidad de los líderes judíos en la muerte de Jesús. Ellos condenaron a Jesús a muerte (v. 3), y no negaron su inocencia (v. 4). Sus escrúpulos sobre depositar el dinero de

se pusieron de acuerdo para comprar con ese dinero el Campo del Alfarero, y lo destinaron para cementerio de los extranjeros. ⁸Por eso ese lugar se llama hoy *Campo de Sangre.*

⁹Así se cumplió lo que había dicho el profeta Jeremías: *Tomaron las treinta monedas de plata, que fue el precio en que lo tasaron los hijos de Israel.* ¹⁰*Y las dieron por el Campo del Alfarero, tal como lo dispuso el Señor.*

Jesús comparece ante Pilato

¹¹Jesús compareció ante el gobernador, que le preguntó: "¿Eres tú el rey de los judíos?" Jesús contestó: "Tú lo dices".

¹²Estaban acusándolo los jefes de los sacerdotes y las autoridades judías, pero él no contestó nada. ¹³Pilato le dijo: "¿No oyes todos los cargos que te hacen?" ¹⁴Pero él no contestó a ninguna pregunta, de modo que el gobernador no sabía qué pensar.

¹⁵Con ocasión de la Pascua, el gobernador tenía la costumbre de dejar en libertad a un condenado, a elección del pueblo. ¹⁶Había entonces un prisionero famoso, llamado Barrabás. ¹⁷Pilato dijo a los que se hallaban reunidos: "¿A quién quieren que deje libre, a Barrabás o a Jesús, llamado el Cristo?" ¹⁸Porque sabía que se lo habían entregado por envidia.

¹⁹Mientras Pilato estaba en el tribunal, su mujer le mandó decir: "No te metas con ese hombre, porque es un santo, y anoche tuve un sueño horrible por causa de él".

²⁰Mientras tanto, los sacerdotes y los jefes judíos convencieron al pueblo que pidiera la libertad de Barrabás y la con-

sangre en el tesoro del Templo los lleva a cumplir el antiguo testamento (vv. 6-8).

27:11-26 El juicio y la sentencia de Jesús (cf. Mc 15:2-15; Lc 23:3-5, 13-25; Jn 18:33–19:16). La narración del interrogatorio y de la sentencia de Jesús por Pilato pone la responsabilidad de la muerte de Jesús sobre las autoridades judías. Los sumos sacerdotes y los ancianos manipulan al gobernador romano (v. 12). El retrato de Pilato, como débil e indeciso, contrasta con otras caracterizaciones antiguas que lo hacen inflexible, despiadado y obstinado. Su pregunta a Jesús en el versículo 11 probablemente lleva conotaciones políticas. Aunque Jesús era realmente el Mesías y por lo tanto el rey auténtico de los judíos, su única respuesta a Pilato fue el silencio (v. 14), quizás de acuerdo con Isaías 53:7 y el salmo 38:12-14. Pilato no podía haber entendido la naturaleza espiritual de su mesianismo.

La costumbre de indultar a un preso por Pascua es conocida solamente por los Evangelios. Los jefes de los sacerdotes y los ancianos manipulan a la multitud para que pida la liberación de Barrabás y la crucifixión de Jesús (vv. 15-18, 20-23). La inocencia de Jesús se confirma con la mención de un sueño de la mujer de Pilato (v. 19), y se acusa a los líderes judíos de obrar por envidia de la popularidad de Jesús (v. 18). Cuando se pregunta qué crimen ha cometido Jesús, la gente no sabe qué responder (v. 23).

denación de Jesús. ²¹Cuando el gobernador volvió a preguntarles: "¿Cuál de los dos quieren que les deje libre?", ellos contestaron: "A Barrabás". ²²Pilato les dijo: "¿Y qué hago con Jesús, llamado el Cristo?" Todos contestaron: "¡Que sea crucificado!" ²³Pilato insistió: "¿Qué maldad ha hecho?" Pero los gritos del pueblo fueron cada vez más fuertes: "¡Que sea crucificado!"

²⁴Al darse cuenta Pilato que no conseguía nada, sino que más bien aumentaba el alboroto, pidió agua y se lavó las manos delante del pueblo, diciendo: "Yo no me hago responsable de la sangre que se va a derramar. Es cosa de ustedes". ²⁵Y todo el pueblo contestó: "¡Que su sangre caiga sobre nosotros y sobre nuestros hijos!"

²⁶Entonces Pilato dejó en libertad a Barrabás; en cambio, a Jesús lo hizo azotar y lo entregó para que fuese crucificado.

El Vía Crucis

²⁷Los soldados romanos llevaron a Jesús al palacio del gobernador y reunieron a toda la tropa en torno a él. ²⁸Le quitaron sus vestidos y le pusieron una capa de soldado de color rojo. ²⁹Después le colocaron en la cabeza una corona que habían trenzado con espinas y en la mano derecha una caña. Doblaban la rodilla ante Jesús y se burlaban de él, diciendo: "¡Viva el rey de los judíos!" ³⁰Le escupían la cara y, quitándole la caña, le pegaban en la cabeza.

³¹Después que se burlaron de él, le quitaron la capa de soldado, le pusieron su ropa y lo llevaron a crucificar.

Pilato había esperado poder soltar a Jesús cuando ofreció a la gente elegir entre Jesús y Barrabás. El plan le salió mal. Viendo que se amotinaba la gente (y él había subido a Jerusalén para evitar motines), Pilato declara a Jesús inocente y hace que la culpabilidad por su muerte recaiga sobre la multitud (vv. 24-25). La multitud acepta esa responsabilidad. La flagelación de Jesús tiene por finalidad el debilitarlo para acortar el tiempo de la crucifixión (v. 26). En su conjunto, el episodio (vv. 11-26) subraya que el gobernador romano permitió la muerte de Jesús, no porque fuera un criminal, sino porque la multitud, incitada por los jefes de los sacerdotes, lo obligaron a condenarle.

27:27-31 Las burlas (cf. Mc 15:16-20; Jn 19:2-3). La narración de las burlas a Jesús tiene dos puntos que aparecen a todo lo largo de la muerte de Jesús, en los versículos 27-50: (1) La manera de describir a los soldados en el versículo 27 recuerda al salmo 22:17: "me acomete una banda de malvados"; el salmo 22 habla del justo que sufre. Mateo siguiendo a Marcos y a los primeros cristianos, vio en ese salmo la explicación de la muerte de Jesús. La crucifixión entraba en el plan de Dios para el Mesías. (2) "Mesías" es un título prominentemente real en la tradición judía, y Jesús es insultado como rey. Le ponen un manto, una corona, y un cetro. Los soldados se arrodillan ante él y lo llaman "Rey de los Judíos". Desde el comienzo, y con exquisita ironía, Mateo subraya que Jesús sufrió como Rey de los Judíos de acuerdo con el salmo 22.

³²Al salir encontraron a un hombre de Cirene, llamado Simón, y le obligaron a que cargara con la cruz de Jesús. ³³Cuando llegaron al lugar que se llama Gólgota o Calvario, palabra que significa "calavera", ³⁴le dieron a beber vino mezclado con hiel. Jesús lo probó, pero no quiso beberlo. ³⁵Ahí lo crucificaron, y después echaron suertes para repartirse la ropa de Jesús. ³⁶Luego se sentaron a vigilarlo. ³⁷Encima de su cabeza habían puesto un letrero que decía por qué lo habían condenado: "Este es Jesús, el rey de los judíos". ³⁸También crucificaron con él a dos ladrones, uno a su derecha y el otro a su izquierda.

³⁹Los que pasaban por ahí, movían la cabeza y lo insultaban, ⁴⁰diciendo: "¡Hola!, tú que derribas el Templo y lo reedificas en tres días, líbrate del suplicio, baja de la cruz si eres Hijo de Dios".

⁴¹Los jefes de los sacerdotes, los jefes de los judíos y los maestros de la Ley lo insultaban, diciendo: ⁴²"Ha salvado a otros y no puede salvarse a sí mismo: que ese rey de Israel baje ahora de la cruz y creeremos en él. ⁴³Ha puesto su confianza en Dios; si Dios lo ama, que lo libere, puesto que él mismo decía: Soy Hijo de Dios". ⁴⁴Hasta los ladrones que estaban crucificados a su lado lo insultaban.

⁴⁵Desde el mediodía hasta las tres de la tarde, se cubrió de tinieblas todo el país. ⁴⁶Cerca de las tres, Jesús gritó con fuerza: *Elí, Elí, lamá sabactani.* Lo que quiere decir: *Dios mío, Dios mío, ¿por qué me has abandonado?* ⁴⁷Al oírlo, algunos de los presentes decían: "Está llamando a

27:32-44 La crucifixión (cf. Mc 15:21-32; Lc 23:26-43; Jn 19:17-27). La historia de la crucifixión comienza cuando Simón de Cirene, un judío del norte de Africa, fue obligado a llevar la cruz de Jesús (v. 32). El "Gólgota" era una pequeña colina junto a los muros de la ciudad; los criminales no podían ser ejecutados dentro de la ciudad santa. La oferta de vino mezclado con hiel (v. 34; cf. v. 48) cumple el salmo 69:21. Los dos grandes temas del relato de la crucifixión aparecen en los versículos 35-37: la división de las vestiduras de Jesús cumple el salmo 22:18, y el cargo por el cual Jesús fue crucificado fue su identidad como Rey de los Judíos.

Tres grupos insultan a Jesús en la cruz en los versículos 38-44: los que pasaban por el lugar (vv. 39-40); los jefes de los sacerdotes, los escribas y los ancianos (vv. 41-43); los ladrones crucificados con Jesús (v. 44). Sin saberlo, estaban cumpliendo el salmo 22:7-8. Sus burlas reflejan los dos cargos que se habían hecho contra Jesús en el juicio ante el consejo judío (26:57-68): la amenaza de destruir el Templo y el proclamarse Hijo de Dios o Mesías. Los enemigos tienen razón al llamar a Jesús "Rey de los Judíos" (v. 37), aunque no se den cuenta de la veracidad de lo que dicen.

27:45-54 La muerte de Jesús (cf. Mc 13:33-39; Lc 23:44-48; Jn 19:28-30). Hasta su muerte, Jesús se revela como el justo que sufre, del salmo 22. Sus últimas palabras (v. 46) son una cita directa del salmo 22:1. La oscuridad que cubrió la región de Judea (v. 45) pudo ser un eclipse o una tormenta de arena que cumplía las palabras de Amós 8:9 o del Exodo 10:22. El uso del salmo 22 por Jesús en la cruz (v. 46) no excluye la expe-

El exterior de la capilla del Santo Sepulcro, en santuario más sagrado de la cristiandad

La tumba de Cristo dentro de la capilla del Santo Sepulcro

Elías''. 48Y luego, uno de ellos corrió, tomó una esponja, la empapó en vino agridulce y, poniéndola en la punta de una caña, le daba de beber. 49Otros decían: "Déjalo. Veamos si viene Elías a liberarlo''.

50Entonces Jesús, gritando de nuevo con voz fuerte, entregó su espíritu.

Después de la muerte de Jesús

51En ese mismo instante, la cortina del santuario se rasgó en dos partes, de arriba abajo; 52la tierra tembló, las rocas se partieron, los sepulcros se abrieron, y resucitaron varias personas santas que habían llegado al descanso. 53Estas salieron de las sepulturas después de la resurrección de Jesús, fueron a la Ciudad Santa y se aparecieron a mucha gente.

54El capitán y los soldados que custodiaban a Jesús, al ver el temblor y todo lo que estaba pasando, tuvieron mucho temor y decían: "Verdaderamente este hombre era Hijo de Dios''. 55También estaban allí, observando de lejos, algunas mujeres que desde Galilea habían seguido a Jesús para servirlo. 56Entre ellas: María Magdalena, María, madre de Santiago y de José, y la madre de los hijos de Zebedeo.

Sepultan a Jesús

57Siendo ya tarde, vino un hombre rico, de Arimatea, que se llamaba José, y que también se había hecho discípulo

riencia de un sufrimiento intenso. De hecho, las palabras del salmo expresan exactamente sus sentimientos de abandono y su confianza total en el Padre. La confusión con Elías (vv. 47-49) probablemente refleja las tradiciones judías sobre el papel del profeta como precursor del Mesías y auxiliador del pueblo necesitado. La descripción de la muerte de Jesús, en el versículo 50, es sencilla y sin énfasis.

La muerte de Jesús va acompañada de varios milagros (vv. 51-54) que ayudan a los lectores de Mateo a entender su significado. En primer lugar, la cortina del Templo de Jerusalén se rasga (v. 51a). Esto puede señalar el final de la barrera entre Dios y la humanidad o el final del antiguo pacto. En los versículos 51b-53, que se encuentran solamente en Mateo, se cuentan las señales que se esperaba acompañarían la llegada del Reino de Dios. Estas señales son descritas con palabras de Ezequiel 37, e indican que la muerte de Jesús abre una nueva era de la historia que culminará en la resurrección de los muertos. Finalmente, en el versículo 54, el centurión y sus hombres, que seguramente eran paganos, confiesan que Jesús era verdaderamente el Hijo de Dios. Su confesión ofrece un modelo para todos los paganos que acepten a Jesús como Hijo de Dios.

27:55-61 La sepultura de Jesús (cf. Mc 15:40-47; Lc 23:49-56; Jn 19:38-42). El relato de la sepultura de Jesús muestra que estaba realmente muerto y que, el día de Pascua, las mujeres no fueron a una tumba equivocada. Mateo describe a José de Arimatea como un discípulo rico, y así evita la posible inferencia de Marcos 15:43 de que José hubiera participado en el Sanedrín en la condena de Jesús. Si Jesús no hubiera muerto ya, Pilato

de Jesús. [58]Fue donde Pilato para pedirle el cuerpo de Jesús, y el gobernador ordenó que se lo entregaran. [59]Y José, tomando el cuerpo, lo envolvió en una sábana limpia [60]y lo colocó en un sepulcro nuevo, cavado en la roca, que se había hecho para sí mismo. Después movió una gran piedra redonda para que sirviera de puerta, y se fue. [61]María Magdalena y la otra María estaban sentadas frente al sepulcro.

Aseguran el sepulcro

[62]Al día siguiente (era el día después de la preparación a la Pascua) los jefes de los sacerdotes y los fariseos se presentaron juntos ante Pilato [63]para decirle: "Señor, nos hemos acordado que ese mentiroso dijo cuando aún vivía: Después de tres días resucitaré. [64]Por eso, manda que sea asegurado el sepulcro hasta el tercer día: no sea que vayan sus discípulos, roben el cuerpo y digan al pueblo: Resucitó de entre los muertos. Este sería un engaño más perjudicial que el primero". [65]Pilato les respondió: "Ahí tienen los soldados, vayan y tomen todas las precauciones que crean convenientes". [66]Ellos, pues, fueron al sepulcro y lo aseguraron, sellando la piedra y poniendo centinelas.

Jesús resucitado se manifiesta a sus discípulos

28 [1]Pasado el sábado, al salir la estrella del primer día de la semana, fueron María Magdalena y la otra María a visitar el sepulcro. [2]De repente se produjo un gran temblor: el

no hubiera permitido quitar el cadáver (v. 58) y José no lo hubiera depositado en una cueva sepulcral (vv. 59-60). Las mujeres que conocían a Jesús desde hacía mucho tiempo (v. 55), le vieron morir y vieron la tumba donde había sido depositado su cadáver (v. 61).

27:62-66 Aseguran el sepulcro. Los puntos que se afirmaron en el relato anterior son afirmados en la historia de la custodia del sepulcro de Jesús; sólo Mateo lo cuenta. Por primera vez en el relato de la pasión aparecen los fariseos junto con los jefes de los sacerdotes (v. 62) y le piden a Pilato que se pongan guardias en el sepulcro de Jesús. Su sospecha de que los discípulos pudieran robar el cadáver, refleja probablemente la respuesta que solían dar los fariseos a la predicación de los primeros cristianos sobre la resurrección de Jesús. Según San Mateo, Pilato se negó a hacerlo él mismo pero les dejó que ellos pusieran una guardia en el sepulcro, afirmando realmente que Jesús había muerto y que sabían dónde había sido sepultado.

28:1-10 El sepulcro vacío (cf. Mc 16:1-8; Lc 24:1-12; Jn 20:1-10). Nadie vio la resurrección de Jesús; Mateo no sugiere que alguien la vio. Mateo, como los otros evangelistas, nos habla del sepulcro vacío y de las apariciones del Señor resucitado. La explicación del sepulcro vacío es que Jesús había resucitado de entre los muertos (v. 6). Las mujeres que habían visto morir a Jesús y sabían exactamente cómo había sido enterrado el viernes por la tarde, regresaron al sepulcro el domingo muy temprano (v. 1). Se

Angel del Señor bajó del cielo y, llegando al sepulcro, hizo rodar la piedra que lo tapaba y se sentó encima. ³Su aspecto era como el relámpago y sus ropas blancas como la nieve. ⁴Al verlo, los guardias temblaron de miedo y quedaron como muertos.

⁵El Angel dijo a las mujeres: "Ustedes, no teman, porque yo sé que buscan a Jesús crucificado. ⁶No está aquí, pues ha resucitado tal como lo había anunciado. Vengan a ver el lugar donde lo habían puesto. ⁷Y ahora vayan pronto a decir a sus discípulos que ha resucitado de entre los muertos y que ya se les adelanta camino de Galilea; allí lo verán. Esto es lo que yo tenía que decirles". ⁸Ellas salieron al instante del sepulcro con temor, pero con una alegría inmensa a la vez, y corriendo fueron a dar la noticia a los discípulos.

⁹En eso, Jesús les salió al encuentro y les dijo: "Paz a ustedes". Las mujeres se acercaron, se abrazaron a sus pies y lo adoraron. ¹⁰Jesús les dijo en seguida: "No teman; vayan a anunciarlo a mis hermanos para que se hagan presentes en Galilea, y allí me verán".

¹¹Mientras ellas iban, algunos de los guardias fueron a la ciudad a contar a los jefes de los sacerdotes todo lo que había pasado. ¹²Ellos se reunieron con las autoridades judías y acordaron dar a los soldados una buena cantidad de dinero, ¹³junto con esta orden: "Digan que mientras dormían, vinieron de noche los discípulos y se robaron el cuerpo de Jesús. ¹⁴Si esto llega a oídos de Pilato, nosotros lo calmaremos y les evitaremos molestias a ustedes". Los soldados recibieron el dinero y siguieron las instrucciones; ¹⁵de ahí salió

encontraron con un ángel que había hecho rodar la piedra que tapaba la entrada al sepulcro; ese ángel había aterrado a los guardias colocados por los jefes de los sacerdotes y por los fariseos (vv. 2-4). El ángel les explica a las mujeres la razón del sepulcro vacío, en los versículos 6-7, haciendo alusión a la triple predicción de la pasión de Jesús (cf. 16:21; 17:23; 20:19). Las mujeres, llenas de alegría y de temor, se apresuran a llevar la noticia a los discípulos (v. 8). Por el camino se encuentran al Señor resucitado y lo adoran (v. 9). Les encarga, en el versículo 10, que digan a sus discípulos que salgan de Jerusalén (el lugar donde Jesús había sido rechazado) y que vayan a Galilea (el lugar de revelación). Después de su resurrección, también él irá a Galilea (cf. 26:32).

28:11-15 El reporte de los guardias. La historia de los guardias con los jefes de los sacerdotes y los fariseos explica porqué los guardias encargados de guardar el sepulcro (27:65-66), que habían visto la aparición del ángel (cf. 28:4), no declararon públicamente lo que habían experimentado. Según esta narración (que sólo se encuentra en Mateo), los guardias fueron sobornados por los jefes de los sacerdotes y los ancianos para que dijeran que los discípulos habían robado el cuerpo de Jesús. Los enemigos no niegan que Jesús hubiera muerto y hubiera sido sepultado, pero rechazan la resurrección de Jesús como explicación del sepulcro vacío. Por eso propagan la falsedad de que el cuerpo de Jesús había sido robado del sepulcro.

esta mentira que corrió entre los judíos y perdura hasta hoy.

Jesús envía a sus apóstoles

¹⁶Por su parte, los Once discípulos partieron para Galilea, al cerro donde Jesús los había citado. ¹⁷Cuando vieron a Jesús se postraron ante él, aunque algunos todavía desconfiaban. ¹⁸Entonces Jesús, acercándose, les habló con estas palabras:

"Todo poder se me ha dado en el Cielo y en la tierra. ¹⁹Por eso, vayan y hagan que todos los pueblos sean mis discípulos. Bautícenlos, en el Nombre del Padre y del Hijo y del Espíritu Santo, ²⁰y enséñenles a cumplir todo lo que yo les he encomendado. Yo estoy con ustedes todos los días hasta que se termine este mundo".

28:16-20 La gran misión. La aparición del Señor resucitado en la montaña de Galilea es una escena muy importante dentro del plan del Evangelio de Mateo. La montaña (cf. 5:1; 17:1) y Galilea (cf. 4:12-16) son lugares especiales de revelación. Los once discípulos son los Doce menos Judas. Sus dudas (v. 17) pudieron surgir sobre la realidad de lo que estaban viendo o sobre la propiedad de adorar a Jesús. Sus dudas desaparecieron muy pronto. Ellos, como las mujeres del versículo 9, adoraron a Jesús (cf. 2:1-12).

La gran misión de los versículos 18b-20 consiste de una afirmación de la autoridad de Jesús (v. 18b), el mandato de hacer discípulos (vv. 19-20a), y la promesa de la presencia de Cristo hasta que llegue la plenitud del Reino de Dios (v. 20b). De este modo condensa los tres grandes temas de todo el Evangelio: (1) El Padre celestial ha dado poder universal a Jesús; por ello, Jesús está sobre todos los seres humanos y merece todos los títulos más exaltados. (2) Los discípulos deben compartir su discipulado con todo el mundo (no solamente con los judíos) y enseñarles lo que Jesús les enseñó a ellos. El gran grupo de judíos para los que Mateo escribió su Evangelio probablemente necesitaba ser empujado a compartir su fe con los paganos, y la frase del versículo 19b, tal vez la entendieron de su misión hacia los paganos. El vocabulario del mandato de bautizar (v. 19b) sin duda reproduce la fórmula del sacramento del bautismo usada por la comunidad de Mateo. (3) La promesa de la presencia continuada de Jesús con sus discípulos, y con sus sucesores, da sentido a su nombre de "Emanuel" (Dios con nosotros) dado a Jesús desde su concepción (cf. 1:23), de acuerdo con Isaías 7:14. La promesa supone una "era de la Iglesia" que dura desde la inauguración del Reino de Dios por Jesús hasta su plenitud al fin del mundo. El espíritu del Jesús resucitado guiará y protegerá a la Iglesia a lo largo de su historia.

AYUDAS PARA REPASAR Y DIALOGAR

I

1:1-2:23 La genealogía y el itinerario de Jesús (páginas 11-17)

1. Jesús tuvo antepasados buenos y malos: ¿Qué antepasados de Jesús tienen una función especial en el antiguo testamento? ¿Cómo se parece la genealogía de Jesús a la nuestra?

2. ¿Qué aspectos de la misión de Jesús aparecen en los nombres que se le dan en 1:18-25?

3. ¿Por qué insiste tanto Mateo en citar el antiguo testamento? ¿Cómo se "cumple" el antiguo testamento en el nuevo?

4. ¿A qué clases de personas representan los magos y Herodes?

5. La leyenda cristiana ha inventado muchos detalles sobre los magos: Tres, reyes, nombres, colores, camino de la estrella. ¿Qué detalles de la leyenda cristiana tienen base en la Biblia?

6. ¿Cómo prueba Mateo en esta sección que los cristianos son los herederos de las promesas hechas a Israel en el antiguo testamento?

II

3:1-4:25 El comienzo del ministerio de Jesús (páginas 17-23)

1. ¿En qué sentido, a la luz de 3:1-12, se puede decir que Juan Bautista es un fiel predicador cristiano?

2. ¿Cómo prepara la historia del bautismo de Jesús la descripción de su ministerio en el resto del Evangelio? ¿Qué milagros que sucedieron en el bautismo de Jesús suceden en el bautismo de cada cristiano?

3. ¿Qué clase de Hijo de Dios es Jesús según 4:1-11? ¿Cómo son los cristianos tentados como Jesús a buscar el poder para beneficio propio?

4. ¿Qué mensaje predicaron Juan (3:2) y Jesús (4:17)? ¿Qué es el Reino de Dios? ¿Cómo y cuándo reina Dios en las cosas humanas? ¿Cuál es el papel de los cristianos en el avance del Reino de Dios?

5. ¿Cómo aparece en 4:18-23 la dimensión misionera del discipulado cristiano? ¿Cómo revela la respuesta de los discípulos a su vocación en el poder de Jesús sobre los corazones humanos?

III

5:1-7:29 El sermón de la montaña (páginas 23-35)

1. ¿A qué clases de personas se las declara benditas en 5:3-12? ¿Qué valores de nuestra sociedad denuncian estas bienaventuranzas? ¿Conocen alguna otra bienaventuranza que se encuentra en los Evangelios?

2. ¿De qué modos perfeccióno Jesús la Ley del antiguo testamento? ¿Por qué es la santidad cristiana auténtica superior a la de los fariseos? ¿Qué acciones revelan hoy la santidad cristiana ante nuestro mundo?

3. ¿Cuáles son las características de la oración cristiana según 6:5-15 y 7:6-11? ¿Cuál es el contenido de la oración?

4. ¿Cómo vivió Jesús el Padrenuestro en su vida? ¿Cómo es cada petición del Padrenuestro un desafío a la vida cristiana?

5. ¿Por qué deben confiar en Dios los seguidores de Jesús según 6:19-34? ¿Cómo ve usted que el mundo confía más en las riquezas que en Dios?

6. A la luz del sermón de la montaña, ¿qué clases de conducta son características de los discípulos de Jesús? ¿Qué formas de conducta no son apropiadas?

IV

8:1–9:38 Las acciones poderosas de Jesús (páginas 35–42)

1. ¿En qué sentido son las acciones poderosas de Jesús diálogos de fe? ¿Qué papel juegan la fe y la oración en los milagros de Jesús?

2. ¿A qué clases de personas cura Jesús? ¿Cómo cambiaba la vida social y espiritual de la persona curada después del milagro? ¿Qué nos indica esto sobre el ámbito de su misión?

3. ¿Qué revelan más los milagros de Jesús: su poder o su amor? ¿Por qué?

4. ¿Cuál es para usted el milagro más importante o significativo de esta sección? ¿Por qué?

5. ¿Cómo continúa hoy haciendo Jesús milagros semejantes a los de esta sección en tu comunidad cristiana? ¿Qué experiencia tiene usted de él?

6. ¿Qué enseñanzas sobre el discipulado cristiano emergen de esos tres pasajes (8:18-22; 9:9-17; 9:35-38) que acompañan a los milagros?

V

10:1-42 El sermón misionero (páginas 42–46)

1. ¿Cómo llevan los discípulos a cabo la misión de Jesús? ¿Cómo comparten su suerte?

2. ¿Cómo se pueden distinguir los verdaderos de los falsos discípulos? ¿Cuáles son las principales cualidades o actitudes del buen discípulo de Jesús?

3. ¿Por qué deben esperar los discípulos compartir los sufrimientos de Jesús? ¿Por qué ataca el mundo a los misioneros auténticos? ¿Qué ve de malo o de peligroso en ellos?

4. ¿Rechaza el sermón misionero las obligaciones a la familia? ¿Qué significa o implica que los discípulos son la familia de Jesús?

VI

11:1–12:50 La importancia de Jesús y su rechazo (páginas 46–54)

1. ¿Qué títulos se le dan a Jesús en esta sección? ¿Qué significa cada uno de estos títulos?

2. ¿Cuál fue la actitud de Jesús hacia el sábado? ¿Por qué? ¿Qué habrá que decir sobre los cristianos que hasta ahora se aferran a la observancia del sábado?

3. ¿Qué argumentos podían ofrecer a los que decían que Jesús estaba en liga con Satanás?

4. ¿Qué es la señal de Jonás? ¿Cómo se aplica a Jesús?

5. ¿Por qué es tan peligroso espiritualmente atribuir al demonio las cosas buenas que nos vienen de Dios?

VII

13:1-53 Parábolas del Reino de Dios (páginas 54–59)

1. ¿Qué es una parábola? ¿Por qué son buenas las parábolas para explicar el Reino de Dios? ¿Cómo muestra el orden de las parábolas el desarrollo gradual del Reino de Dios?

2. ¿Qué aplicaciones para hoy ves en la parábola de la semilla?

3. ¿Cómo hacen resaltar las parábolas las dimensiones del Reino en el presente?

4. ¿Cómo hacen resaltar las parábolas las dimensiones futuras del reino?

5. ¿Puedes pensar en una parábola sobre el Reino de Dios en términos de la cultura de nuestro tiempo? (Ejemplo: la electricidad y los electrodomésticos)

VIII

13:54–16:4 Milagros y controversias (páginas 59–65)

1. ¿Qué sabían y qué ignoraban los nazaretanos sobre Jesús? ¿Cómo representan al pueblo judío?

2. ¿Por qué donde no hay fe no hay milagros?

3. ¿Cómo prepara el rechazo de Juan Bautista el rechazo de Jesús?

4. ¿Cómo apuntan a la Eucaristía las dos multiplicaciones de los panes?

5. ¿Por qué rechaza Jesús la enseñanza de los fariseos sobre la pureza ritual? ¿Qué valor tienen las tradiciones humanas?

IX

16:5–17:27 El camino de la cruz (páginas 66–72)

1. ¿Qué clase de fe en Jesús tienen los discípulos? ¿Por qué es difícil entender las cosas de la fe?

2. ¿Cómo es la función de Pedro entre los Doce igual que la función del Papa entre los obispos? ¿Qué clase de fe tiene Pedro?

3. ¿Cómo reaccionaron los discípulos ante la transfiguración de Jesús? ¿Qué instrucciones necesitaban? ¿Cómo prepara la transfiguración para la pasión?

4. ¿Por qué no estaba Jesús obligado a pagar el tributo al Templo? ¿Qué impuestos deben pagar los cristianos?

X

18:1-35 Consejos para la comunidad dividida (páginas 72–76)

1. ¿Por qué representa un niño a los que entran en el Reino de Dios?

2. ¿Por qué es tan grave el escándalo en la comunidad?

3. ¿Qué pasos hay que dar para hacer volver al pecador al seno de la comunidad?

4. ¿Por qué deben los cristianos perdonarse mutuamente siempre que sea necesario?

5. Si todo el discurso del capítulo 18 va dirigido a los líderes de la comunidad, ¿cuáles son las cualidades o actitudes de un buen líder cristiano?

XI

19:1–23:39 Oposición creciente a Jesús (páginas 76–94)

1. ¿Cómo puede ser la riqueza obstáculo para entrar en el Reino de Dios? ¿Es la riqueza señal del favor divino?

2. ¿Cuál debe ser la posición de los que quieren entrar en el Reino frente a la condición social? ¿Quiénes son los primeros en el Reino y en la Iglesia? ¿Cuáles son los criterios para determinar la dignidad de las personas?

3. ¿Qué responsabilidad tuvieron los judíos en la muerte de Jesús? ¿Por qué tenemos los cristianos la misma responsabiliad?

4. ¿Qué significa para ti "dar al César lo que es del César y a Dios lo que es de Dios"?

5. ¿Cómo ves tú la resurrección y vida futura a la luz de Mt 22:23-33?

6. ¿Cuáles son hoy los equivalentes de la ostentación religiosa de los escribas y fariseos? ¿Cómo pueden las personas religiosas evitar hoy esas trampas?

XII

24:1–24:46 La venida del Reino (páginas 94–102)

1. ¿Qué sucesos deben preceder a la gran tribulación? ¿Puede identificarse la gran tribulación con el avance de los ejércitos romanos del año 70 A.D.?

2. ¿Qué imágenes se usan para describir lo repentina que será la venida del Hijo del Hombre? ¿Qué imágenes expresan su tardanza?

3. ¿Cómo invita Mateo a los lectores a permanecer alerta para la venida del Hijo del Hombre?

4. ¿Qué relación existe entre la venida del Hijo del Hombre y el juicio final? ¿Qué criterios se usarán en el juicio?

119

5. ¿Qué significado tiene la escena del juicio final para los cristianos de hoy? ¿Quiénes se salvan a la luz de las Bienaventuranzas y de esta escena del juicio final?

XIII

26:1–28:20 La muerte y resurrección de Jesús (páginas 102–115)

1. ¿Cómo muestra Mateo, en la narración de la pasión, que Jesús está en control de todo, y que todo sucede de acuerdo a la voluntad de Dios?

2. ¿Qué aspectos de la Eucaristía afloran en 26:26-29? ¿Cómo debe cada aspecto ayudarnos a apreciar hoy la Eucaristía?

3. ¿Qué elementos de las burlas y de la muerte de Jesús manifiestan su identidad de rey de los judíos? ¿Qué significan los sucesos milagrosos que rodean la muerte de Jesús?

4. ¿Cómo aparece Jesús en su pasión como el justo que sufre?

5. ¿Cómo resume la gran misión de 28:16-20 los principales temas del Evangelio de Mateo?

Los folletos disponibles de The Liturgical Press en el serie del *Comentario Bíblico de Collegeville*:

1852-9   *El Evangelio de San Mateo* (NT vol. 1)

1761-1   *El Evangelio de San Marcos* (NT vol. 2)

1850-2   *El Evangelio de San Lucas* (NT vol. 3)

1851-0   *El Evangelio y las Cartas de San Juan* (NT vol. 4)

2293-3   *Los Hechos de los Apóstoles* (NT vol. 5)